山东博物馆

青岛市博物馆

青岛市博物馆文物修复室

烟台市博物馆

烟台市博物馆文物科技保护中心

烟台市博物馆文物库房

临沂市博物馆

临沂市博物馆汉画像石展室

淄博市博物馆

潍坊市博物馆

青州市博物馆

青州市博物馆石刻文物修复

莒县博物馆

山东省文物保护修复中心揭牌

建设中的山东文物保护科研修复工场

周晓波副局长调研修复中心实施项目

专家验收纺织品保护修复项目

专家验收书画保护修复项目

山东省文物保护修复沂源工作站揭牌

专家来山东省文物保护修复中心指导工作

山东省可移动文物保存现状调研及保护对策研究

山东省文物保护修复中心　编

山东大学出版社

《山东省可移动文物保存现状调研及保护对策研究》编委会

目　录

图表目录

1 背景

山东历史文化悠久，文物资源丰富。据全省珍贵文物初步调查统计显示，可移动文物总数近558万件，三级以上珍贵文物近20万件。文物种类繁多，主要有金属器、陶瓷器、石刻、彩塑壁画、书画古籍、漆木器、纺织品、骨角牙器等。由于文物自身材质的老化、外界环境的变化以及人为因素的影响，文物健康状况堪忧。

2002年，国家文物局曾组织开展全国馆藏文物腐蚀损害情况调查，结果表明50.66%的馆藏文物存在着不同程度的受损情况。据初步估算我省2/3的可移动文物存在不同程度病害，但缺乏准确的数据基础。另外，随着国家对可移动文物保护工作的重视和资金投入的不断加大，经国家文物局批复的我省文物保护修复项目逐年增多，但方案编制、项目实施等方面存在不足，缺乏统筹协调和可持续性发展规划。

为此，有必要开展全省可移动文物保护现状调研工作，并在此基础上，编制全省可移动文物保护修复规划，在省文物局统筹安排下，按照轻重缓急逐年度开展文物保护工作。

2　工作内容及目的

2.1　工作内容

2.1.1　全省可移动文物保护现状调研

(1)调查范围

全省范围内博物馆、考古所、文物管理所、纪念馆等隶属文物系统的文物收藏单位。

(2)调研内容

文物类别、数量、保存状况;文物库房、展厅预防性保护状况;文物保护修复人员、场地及设备情况;2011～2015年承担的可移动文物保护修复项目;2016～2020年可移动文物保护修复项目计划等。

(3)成果形式

《山东省文博系统可移动文物保护现状调研报告》。

2.1.2 编制山东省可移动文物保护修复"十三五"规划

分析调研结果，评估全省可移动文物保护修复状况，按照轻重缓急，制定保护修复计划，以此提出经费需求，报中央及省财政申请专项经费。根据计划提出全省文物保护修复网络体系建设建议，加快人才培养和硬件建设。最终，编制山东省可移动文物保护修复"十三五"规划，提出今后一个时期的目标任务和重点项目，建立可移动文物保护修复项目库。

2.2 工作目的

调查清楚全省可移动文物保存现状、修复力量等文物保护现状，为省文物局科学统筹文物保护修复工作、建设全省文物保护修复网络体系提供参考。

3　工作组织、技术路线及进度安排

3.1　工作组织

山东省文物局成立该项目领导小组，设立办公室，统筹安排此项工作。

领导小组组长：周晓波

领导小组成员：朱丽琴　王明强　张卫军　王传昌　荣瑞锋

办公室主任：王传昌

相关具体工作由省文物保护修复中心负责。

3.2 工作技术路线

3.2.1 函调

山东省文物局下文函调各省直文博单位，市、县文物收藏单位的文物保护现况及需求，主要分为以下 6 个表格：

表 1 为可移动文物保存状况调查表；表 2 为文物库房/展厅基本情况调查表；表 3 为文物保护修复场地及仪器设备情况调查表；表 4 为文物保护修复从业人员调查表；表 5 为 2011～2015 年可移动文物保护修复专项经费情况调查表；表 6 为 2016～2020 年拟申报可移动文物保护修复项目调查表。

3.2.2 初步分析

收集调查信息，分析总结，撰写调研报告，供山东省文物局领导参考。同时将调查结果及问题反馈给省直及地方文博单位，并完善调查资料。

3.2.3 外出调研

依据山东省文物局意见及初步分析结果，选择代表性市县进行实地考察。必须到市级博物馆及重点县级博物馆进行调研。进一步完善调研数据，进行分析整理。

3.2.4 编制山东省可移动文物保护修复“十三五”规划

在分析调研的基础上，根据省文物局指导思想，编写山东省文博系统可移动文物保护现状调研报告；总体分析全省文物保存及保护修复能力状况，初拟全省可移动文物保护修复计划，提出全省文物保护修复网络体系建设建议。组织团队编写山东省可移动文物保护修复“十三五”规划。

3.3 进度安排

计划6个月内完成此项工作任务，时间进度如下：

2015年6月8日前：收回调研表。

2015年7月20日前：初步分析调研结果，完成《山东省文博系统可移动文物保护现状调研报告（草稿）》。

2015年8月31日前：外出调研，完成《山东省文博系统可移动文物保护现状调研报告》。

2015年9月30日前：编制《山东省可移动文物保护修复十三五规划（草稿）》。

4 全省文物保存状况及分析

按照山东省文物局下发的《关于开展全省可移动文物保护现状调研的通知》,省直文博单位、各市文广新局、文物局积极配合,及时上报了各单位情况。据初步统计,此次参加调研数据填报的国有文博单位共有178个(见表4-1),其中省直3个,济南市10个,青岛市9个,淄博市17个,枣庄市8个,东营市4个,烟台市12个,潍坊市13个,济宁市15个,泰安市12个,威海市7个,日照市3个,滨州市7个,德州市14个,聊城市11个,临沂市14个,菏泽市14个,莱芜市5个。

4.1 总体状况及分析

根据178个文博单位的文物数量统计,共有可移动文物

941388件,保存完好的文物526955件(55.98%),存在稳定病害的文物264242件(28.07%),濒危的文物150191件(15.95%)(见图4-1、图4-2、表4-2)。不同类别可移动文物所占比例分别为:金属文物占32.14%;陶瓷文物占20.95%;石质文物占5.49%;纺织品文物占1.09%;纸张、书画文物占17.40%;壁画文物占0.01%;漆木器文物占1.44%;其他类文物占21.48%(见图4-3、图4-4、表4-3)。

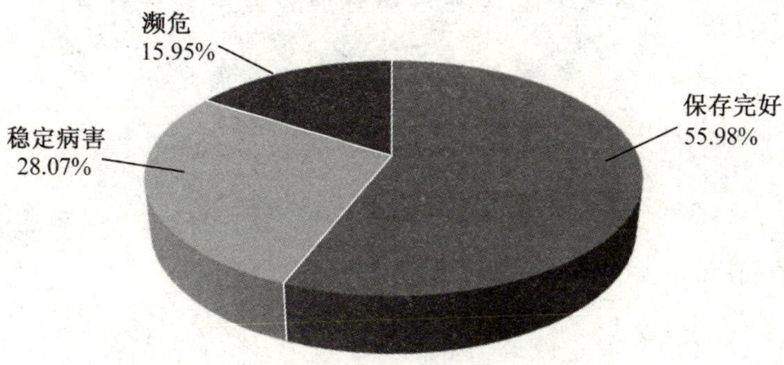

图4-1　山东省可移动文物保存状况汇总

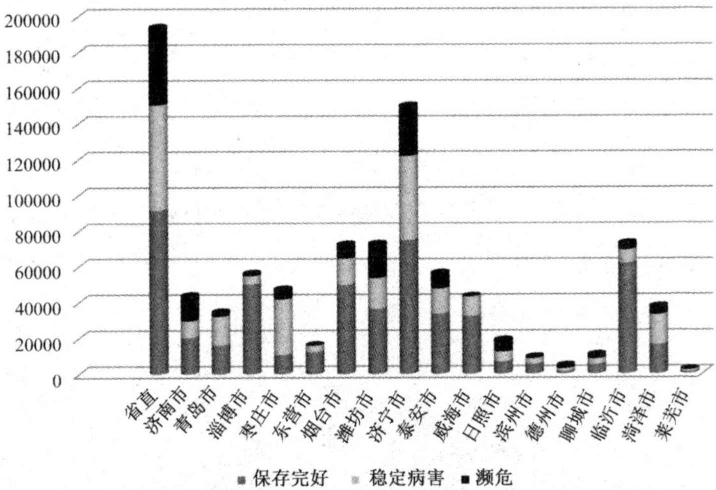

图 4-2 山东省各地市文物收藏情况

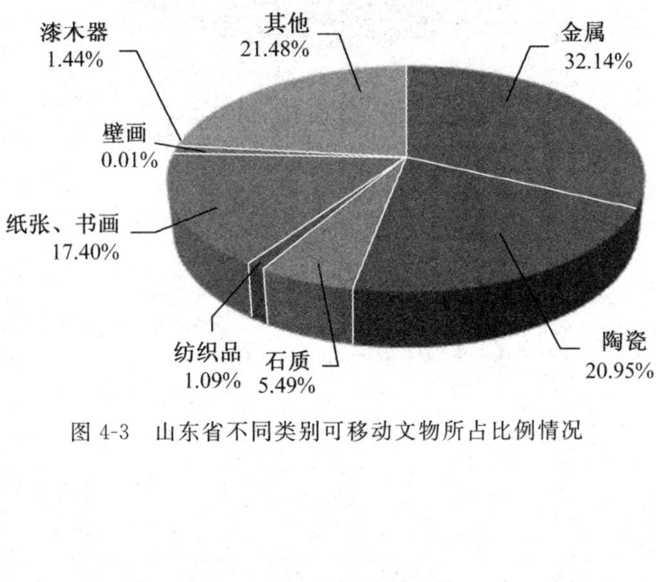

图 4-3 山东省不同类别可移动文物所占比例情况

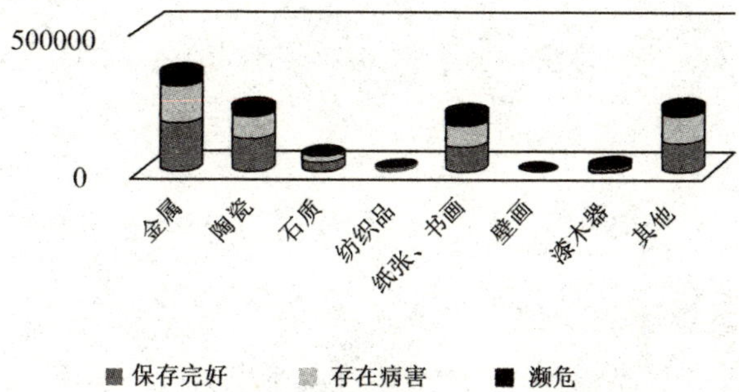

图 4-4　山东省不同类别可移动文物病害情况

据 2014 年山东文物发展指标统计，全省共有馆藏文物 1958437 件。两者调查的文物数量有差距，主要有以下因素：

(1)本次调研涉及的单位是文物系统国有文博单位，未包含行业博物馆和民办博物馆，导致统计的文物总数量减少。

(2)经过与各文博单位电话核实，一些博物馆内的民俗文物、近现代文物、化石和动植物标本未填写在报表内，致使文物数量有所减少。

(3)据一些文博单位反映，第一次可移动文物普查尚未结束，本单位文物总数处于估算状态，与具体数量可能有差距，导致文物数量统计存在偏差。

4.2 不同类别可移动文物状况及分析

4.2.1 金属器

金属类文物共 302542 件，保存完好的文物 174058 件(57.53%)，存在稳定病害的文物 86088 件(28.45%)，濒危的文物 42396 件(14.01%)(见图 4-5、图 4-6、表 4-4)。

4.2.2 陶瓷器

陶瓷类文物共 197191 件，保存完好的文物 119975 件，存在稳定病害的文物 49997 件(39.15%)、濒危的文物 27219 件(13.80%)(见图 4-7、图 4-8、表 4-5)。

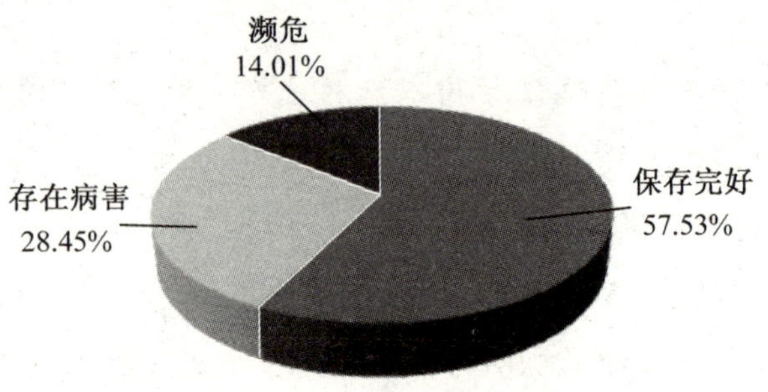

图 4-5 山东省金属文物保存状况汇总

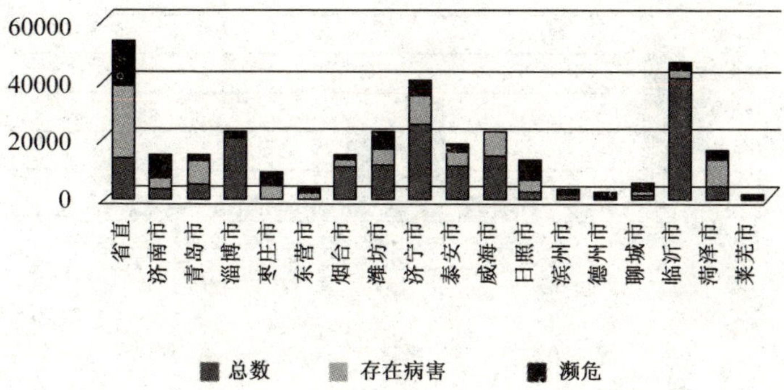

图 4-6　各地市金属文物收藏及病害情况

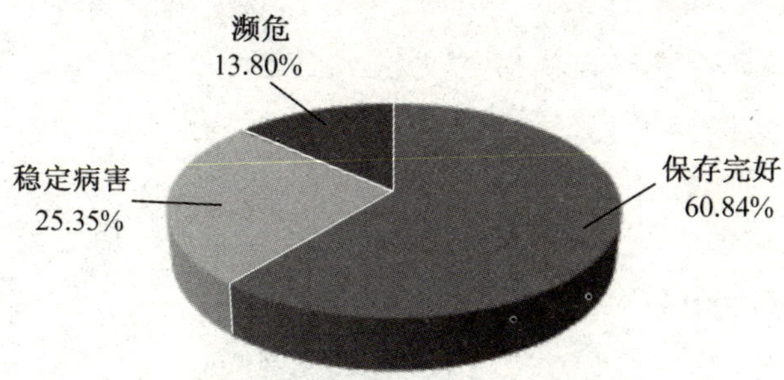

图 4-7　山东省陶瓷文物保存状况汇总

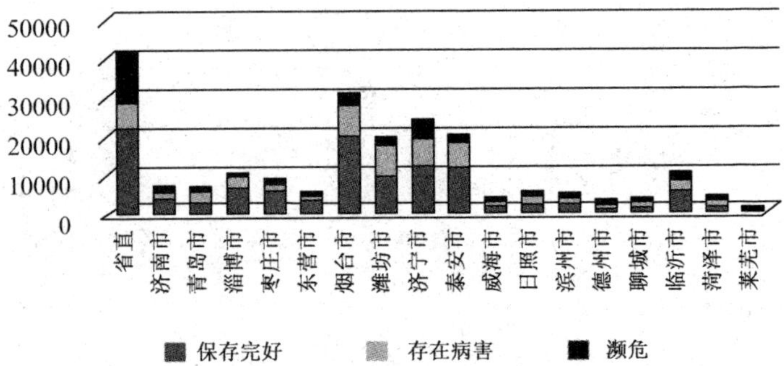

图 4-8 各地市陶瓷文物收藏及病害情况

4.2.3 石质

石质类文物共 51661 件，保存完好的文物 36795 件(71.2%)，存在稳定病害的文物 11172 件(21.63%)、濒危的文物 3694 件(7.15%)（见图 4-9、图 4-10、表 4-6）。

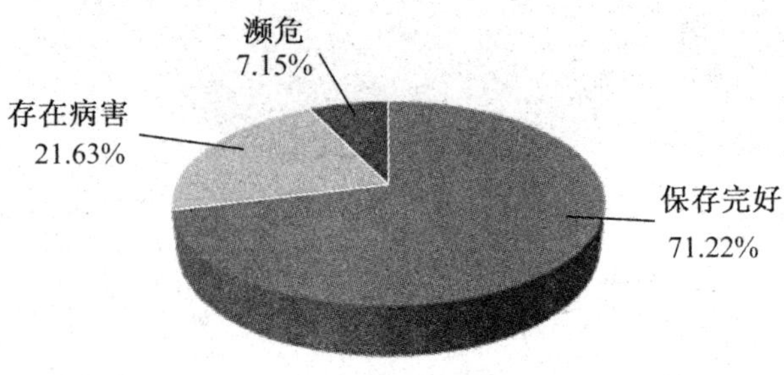

图 4-9 山东省石质文物保存状况汇总

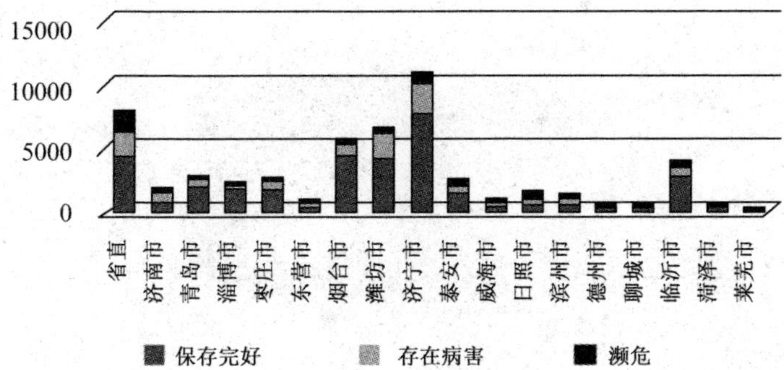

图 4-10　各地市石质文物收藏及病害情况

4.2.4　纺织品

纺织品类文物共 10299 件，保存完好的文物 4256 件(41.32%)，存在稳定病害的文物 3784 件(36.74%)、濒危的文物 2259 件(21.93%)(见图 4-11、图 4-12、表 4-7)。

4.2.5　纸张书画

纸张、书画类文物共 163809 件，保存完好的文物 86276 件(52.67%)，存在稳定病害的文物 35351 件(21.58%)、濒危的文物 42182 件(25.75%)(见图 4-13、图 4-14、表 4-8)。

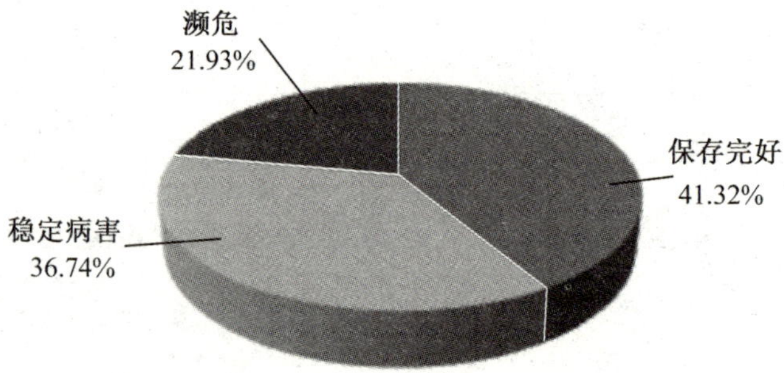

图 4-11 山东省纺织品文物保存状况汇总

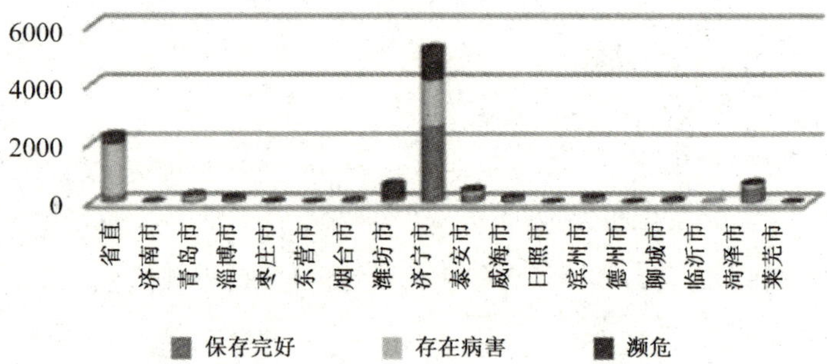

图 4-12 各地市纺织品文物收藏及病害情况

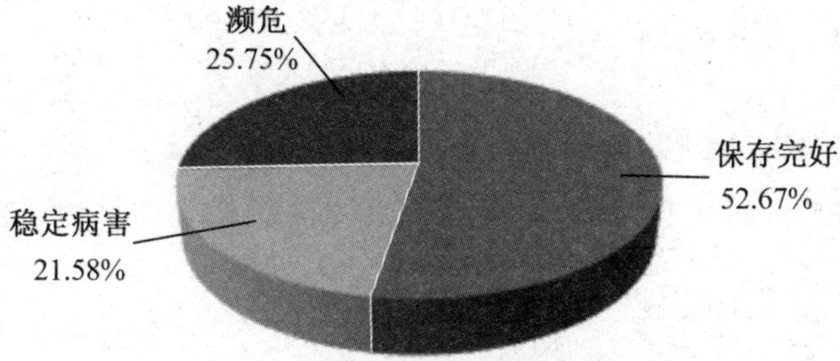

图 4-13　山东省纸张、书画文物保存状况汇总

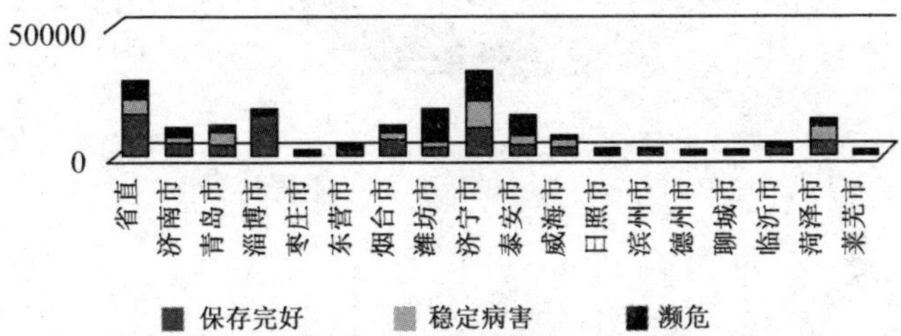

图 4-14　各地市纸张、书画文物收藏及病害情况

4.2.6 壁画

壁画类文物共86件，保存完好的文物25件(29.07%)，存在稳定病害的文物34件(39.53%)、濒危的文物27件(31.40%)(见图4-15、图4-16、表4-9)。

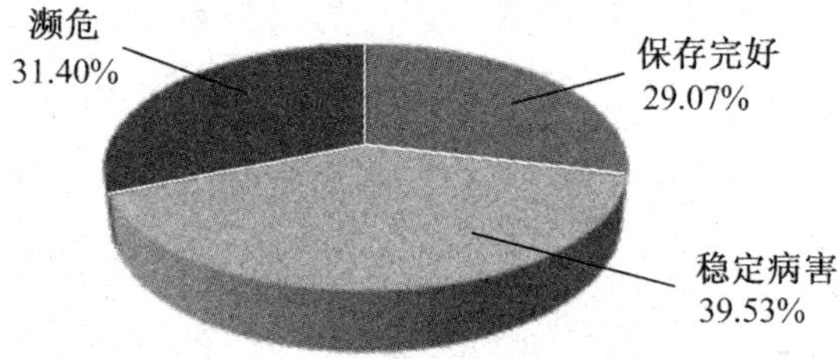

图4-15 山东省壁画文物保存状况汇总

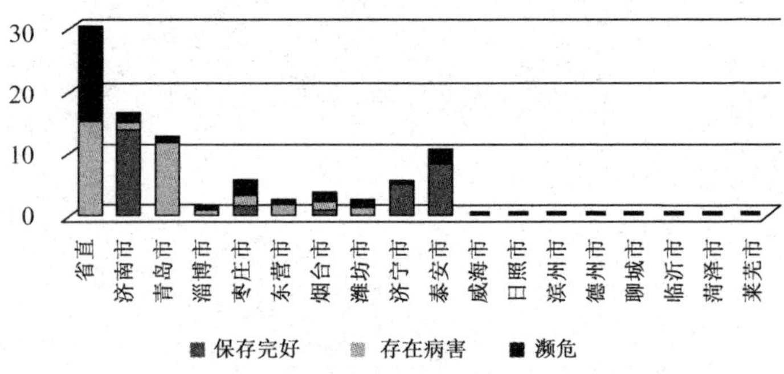

图4-16 各地市壁画文物收藏及病害情况

4.2.7　漆木器

漆木器类文物共 13574 件，保存完好的文物 4058 件(29.90%)，存在稳定病害的文物 2922 件(21.53%)、濒危的文物 6594 件(48.58%)(见图 4-17、图 4-18、表 4-10)。

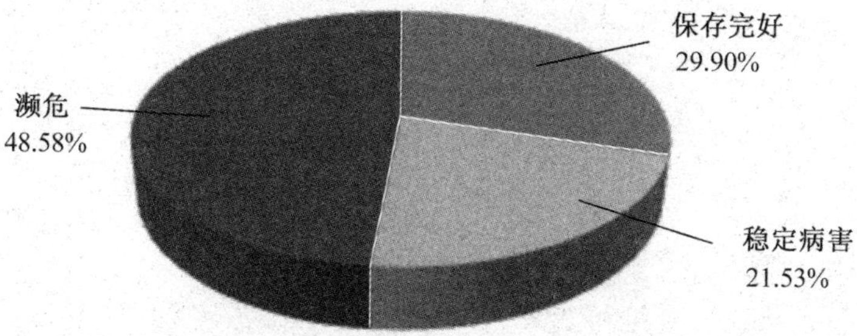

图 4-17　山东省漆木器文物保存状况汇总

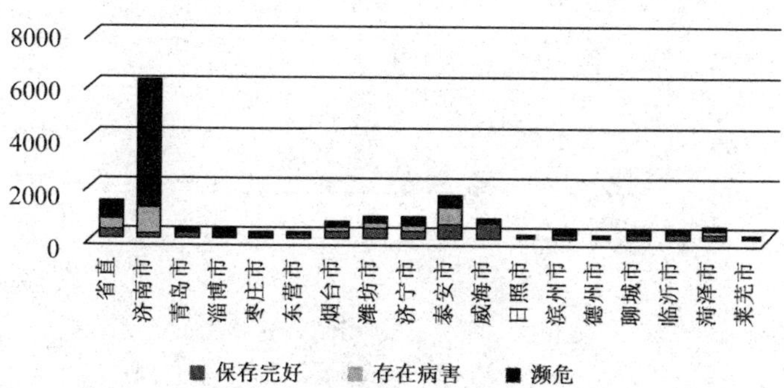

图 4-18　各地市漆木器文物收藏及病害情况

4.2.8 其他

其他类文物共有 202226 件，保存完好的文物 101512 件(48.83％)，存在稳定病害的文物 74894 件(39.12％)、濒危的文物 25820 件(12.05％)(见图 4-19、图 4-20、表 4-11)。

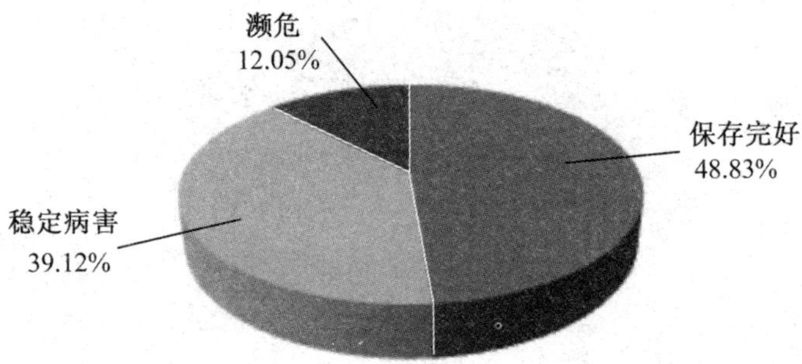

图 4-19 山东省其他类文物保存状况汇总

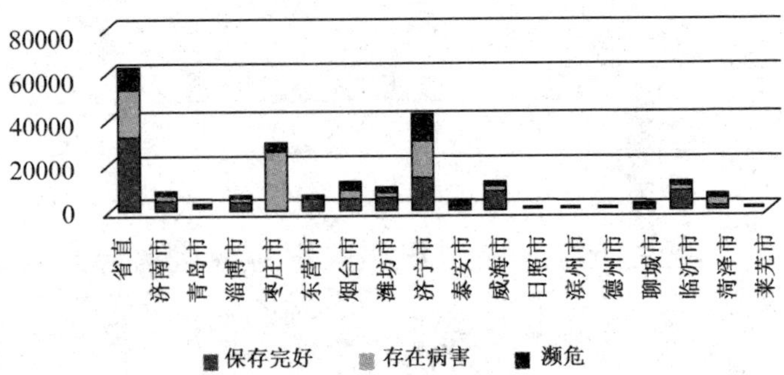

图 4-20 各地市其他类文物收藏及病害情况

分析文物存在的病害比例可知，壁画文物、漆木器文物、纺织品文物和其他类文物存在病害比例超过50%，其中壁画文物和漆木器文物病害比例超过67%。

此外，在此次调研过程中，调研单位填报数据人员对文物病害的评估标准理解不准确，致使在填写病害文物数量时存在少报、错报和漏报情况，从而导致文物病害数量统计存在偏差。

5 文物保存环境调查结果及分析

5.1 文物库房情况及分析

根据178个国有文博单位统计，共有库房341个，面积合计58807m^2（见图5-1）。其中139个（41%）库房有温湿度控制，48个（14%）库房有污染物控制（见表5-1）。各文博单位文物已有囊匣35315个，还需要制作175917个新囊匣。文物已有柜架7864个，还需要新柜架9859个（附表5-1）。

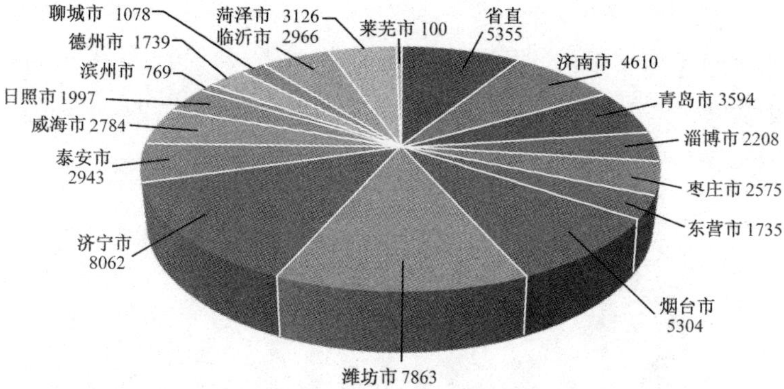

图 5-1　山东省文物库房面积分布图

经过分析，各地市库房面积与存放文物数量基本成线性关系(见图 5-2)。据以往现场调研情况发现，除了近些年新建的博物馆，大部分省内文博单位的库房条件较为简陋，且部分库房存在文物未按照质地分类、放置于一处的现象。

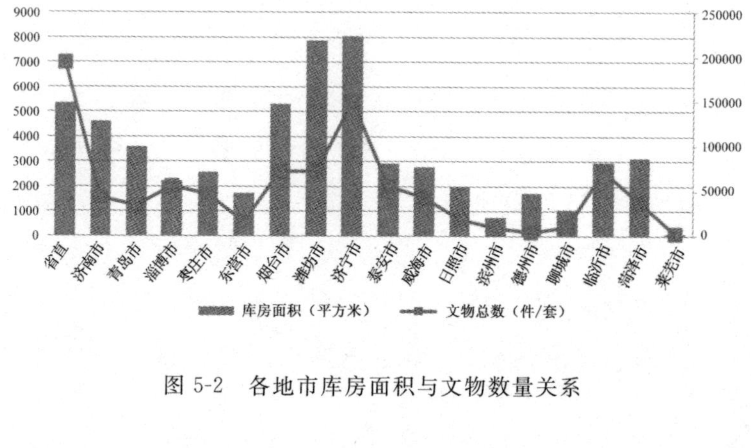

图 5-2　各地市库房面积与文物数量关系

拥有调控设备的库房比例较高的包括省直、青岛市、烟台市、济宁市和日照市(见图5-3)。库房调控设备可以分为中央空调、大型恒温恒湿设备和普通家用空调三种。

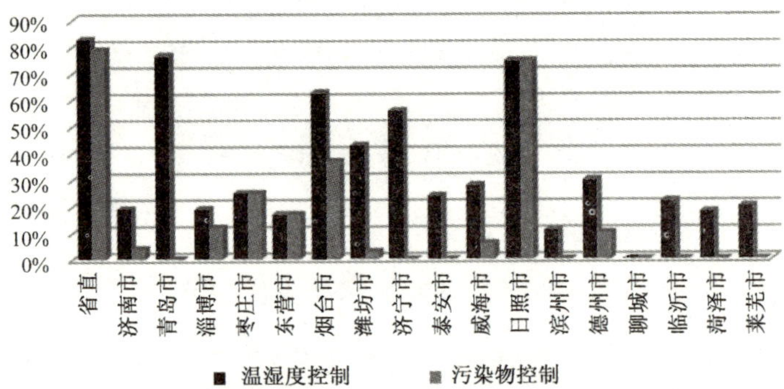

图5-3 各地市拥有调控设备的库房所占比例情况

中央空调可以较好地调节库房内温湿度。以山东博物馆为例,其库房内可以24小时保持恒温恒湿状态,对文物的保存较为有利。

大型恒温恒湿设备使用效果则要看其设计和运行情况而定。以烟台市博物馆为例,其库房内安装了8套大型的恒温恒湿机组,因恒湿机组使用管道加湿方式进行加湿,故管道越长,则加湿效果越差。故烟台市博物馆的恒湿机组都安装在库房内,运行时噪音极大,对工作人员的日常工作造成了不良影响,且因设备功率不足及当地气候条件特殊等问题，加湿效果还是不能满足文物存放的湿度条件。此外，机组位于库房内需供水供电，存在安全隐患。

多数地市级文物收藏单位的库房总面积在 400m^2 以下，因其库房面积小，家用空调就足以控制库房内温度；缺点是无法调控室内湿度，空调也只在工作时间开放，下班后关闭，造成了全日温度剧烈变化，反而不利于文物的保存。

据统计，省内文博单位有污染物控制的库房共计 48 处。污染物控制应为空气净化设备与吸附剂等调控材料，部分单位将通风橱与空调也纳入污染物控制的范畴中，这是错误的。省内文博单位现有囊匣共计 35315 个，但使用的材料大多未遵照国家标准，是否含有污染物还有待检测。

5.2 文物展厅情况及分析

根据统计，178 个国有文博单位共有 484 个展厅，面积合计 324745m^2。其中 101 个（21%）展厅有温湿度控制，35 个（9%）展厅有污染物控制，14 个（3%）展厅有恒温恒湿展柜，91 个（19%）展厅有温湿度监测，23 个（5%）展厅有空气质量监测，12 个（2%）展厅有光照紫外线监测（见图 5-4、表 5-2）。

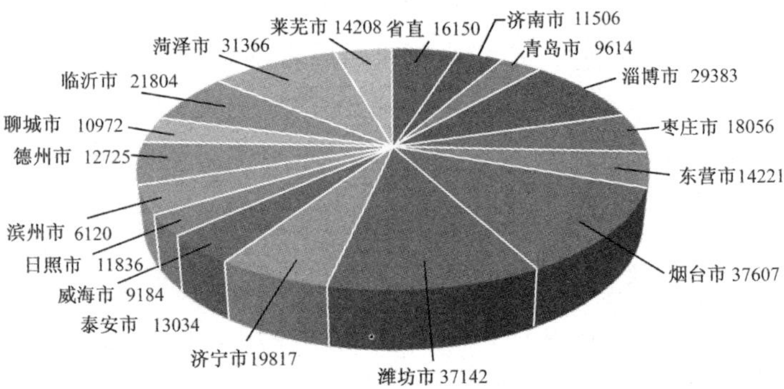

图 5-4　山东省文物展厅面积分布图

通过展厅面积与文物数量对比(见图 5-5)可以发现,淄博、烟台、潍坊、德州与菏泽等地的文物展陈面积较为充足,其他地市展陈面积与文物数量基本呈线性关系。不同于库房的密闭环境,展厅向公众开放,其温湿度、有害气体及污染物的控制也更为困难,通过各地市自身的力量较难解决这一问题,需经山东省文物保护修复中心统一部署,通过申报国家文物局珍贵文物预防性保护项目,有针对性地加以解决。各地市拥有监控调控设备的展厅面积所占比例情况见图 5-6。

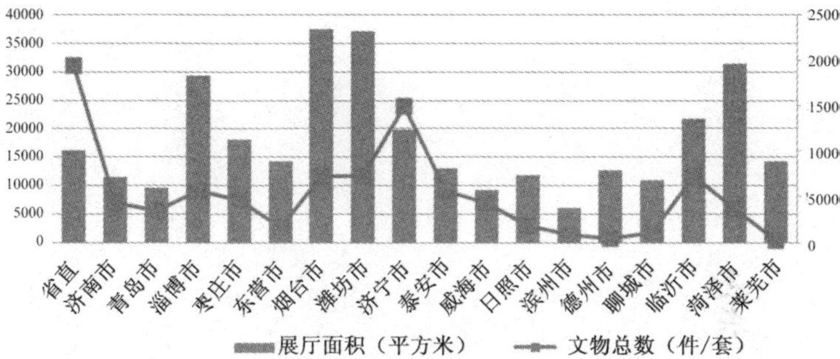

图 5-5 各地市展厅面积与文物数量关系

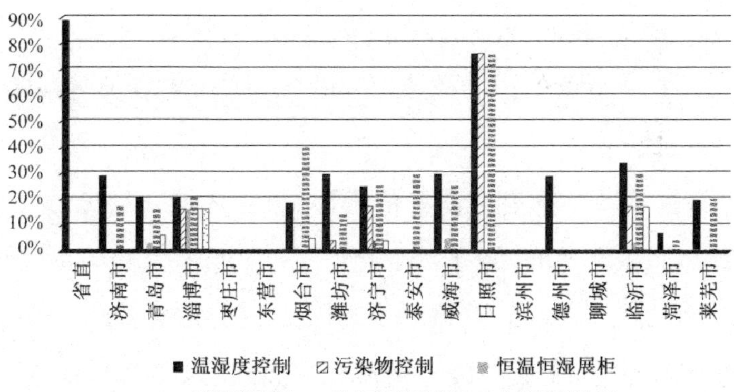

图 5-6 各地市拥有监测调控设备的展厅所占比例情况

6　文物保护修复能力调查及分析

6.1　文物保护修复场地、设备情况及分析

根据 178 个国有文博单位统计，文物保护修复场地共有 45 处。面积在 $50m^2$ 以下的场地有 18 处，$50\sim200m^2$ 的场地有 20 处，$201\sim700m^2$ 的场地有 7 处。可开展金属文物保护修复的场地有 13 处，可开展陶瓷文物保护修复的场地有 25 处，可开展石质文物保护修复的场地有 3 处，可开展纺织品文物保护修复的场地有 1 处，可开展纸张书画文物保护修复的场地有 9 处，可开展壁画文物保护修复的场地有 1 处，可开展漆木器文物保护修复的场地有 1 处（见图 6-1、图 6-2、图 6-3、表 6-1）。

仪器设备投资额度在5万元以下的场地有10处，5万～30万元的场地有8处，31万～100万元的场地有9处。具有基础设备的场地有3处，具有保护修复专业设备的场地有17处，具有分析检测设备的场地有1处(见表6-1)。

在国家文物局颁布的《可移动文物保护修复室规范建设与仪器装备基本要求》中，依据面积需求对文物保护修复室作了以下分类：综合技术中心(面积不低于1500m^2)、区域技术中心(不低于800m^2)、科技工作站(不低于200m^2)。对比全省现有的45处文物保护修复场地，仅有7处满足科技工作站保护修复室的用房面积(见图6-1)。

45处文物保护修复场地中，满足人员、场地、设备基本要求，可独立完成文物保护修复工作的场地共有19处，其中文物保护修复实验室具备一定规模的主要有山东博物馆、山东省文物考古研究所、青岛市博物馆、沂源县博物馆、烟台市博物馆、青州市博物馆、孔府文物档案馆、临沂市博物馆、定陶县博物馆等9处(见图6-4)。

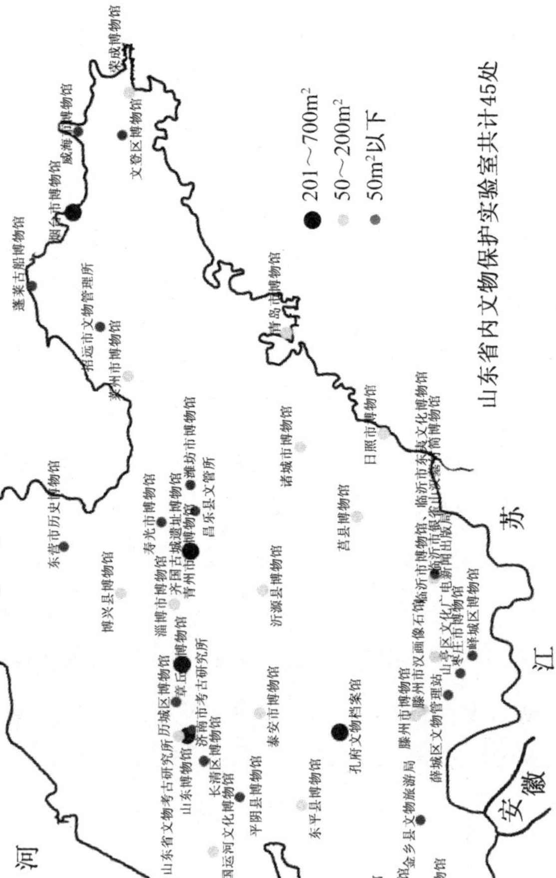

图 6-1　山东省文物保护修复场地分布图

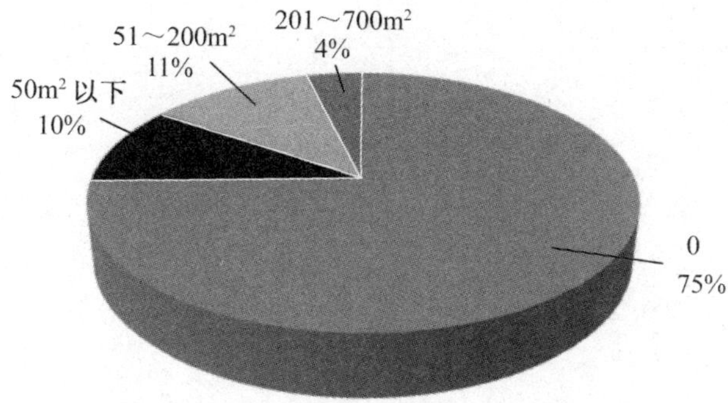

图 6-2 山东省文物保护修复实验室情况

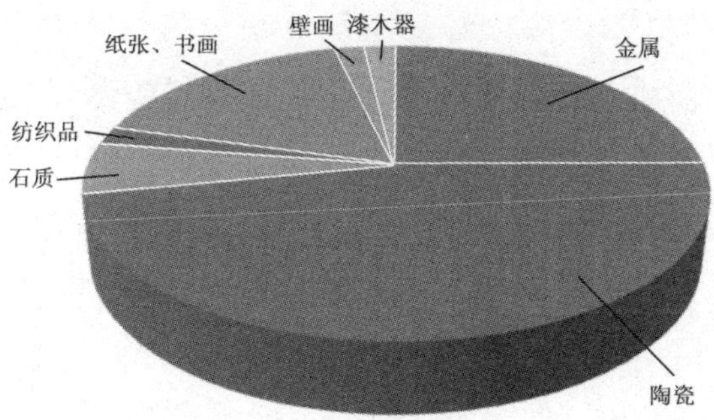

图 6-3 45 处保护修复实验室可开展工作情况

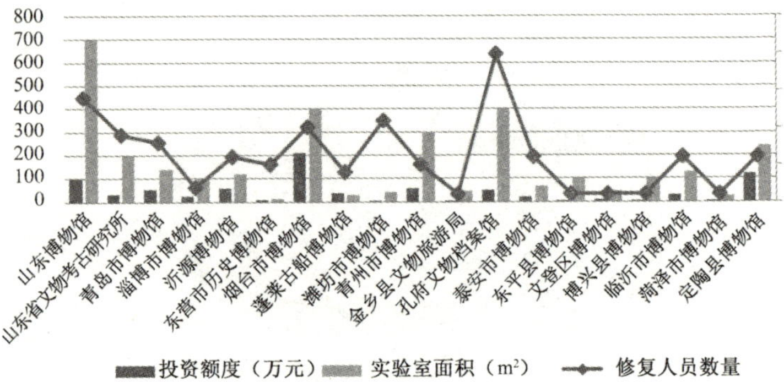

图 6-4　可独立完成文物保护修复的工作场地汇总情况

《可移动文物保护修复室规范建设与仪器装备基本要求》，将可移动文物保护修复室配备仪器装备分为基础设备、保护修复专业设备和分析检测设备 3 类。45 处文物保护修复场地中，具有基础设备的修复室共 3 处，拥有部分保护专业设备的有 17 处，具备少量分析检测设备的仅山东博物馆 1 处（见图 6-5、图 6-6）。

通过以上数据可以看出，目前山东境内的保护修复室场地较少，投资不足，且缺少一家配备大量分析检测设备的综合技术中心来总领全省的可移动文物保护修复工作。山东省文物保护修复中心的建立，填补了这一空白。

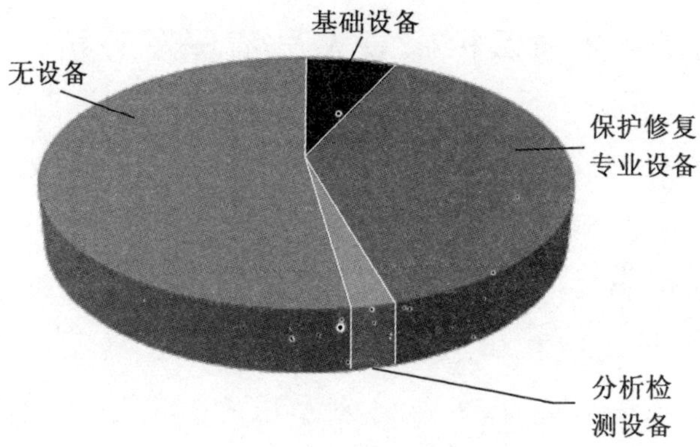

图 6-5 文物保护修复室配备设备比例

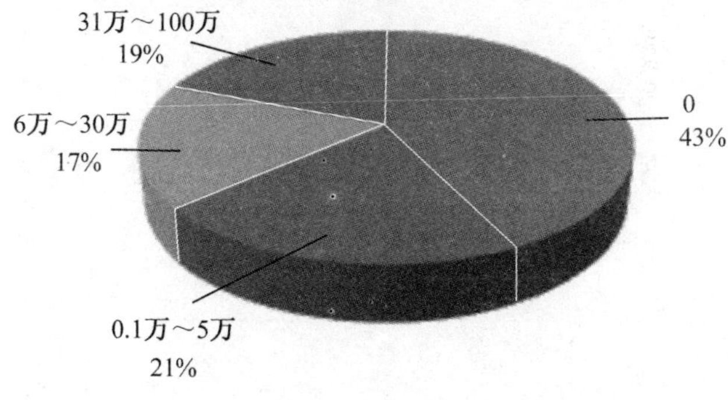

图 6-6 文物保护修复场地投资额度比例

6.2 文物保护修复人员情况及分析

根据统计，178 个国有文博单位中共有 192 名文物保护修复人员，其中以潍坊市从事修复的人员最多，共 30 人。其次是济宁，有 27 人；省直有 23 人。192 人中，无职称者为 56 人，初级职称为 43 人，中级职称为 57 人，高级职称为 34 人；具有硕士学历的 29 人、本科学历的 105 人、其他学历的 58 人；具有 10 年以内从业时间的有 90 人，具有 10 年以上从业时间的有 102 人（见图 6-7、图 6-8、图 6-9、表 6-2）。

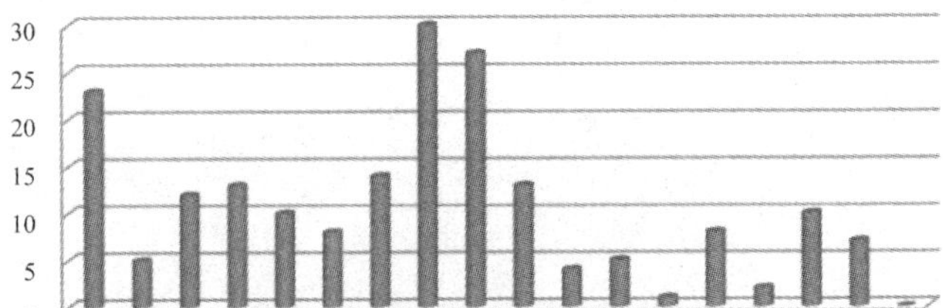

	省直	济南市	青岛市	淄博市	枣庄市	东营市	烟台市	潍坊市	济宁市	泰安市	威海市	日照市	滨州市	德州市	聊城市	临沂市	菏泽市	莱芜市
■修复人员	23	5	12	13	10	8	14	30	27	13	4	5	1	8	2	10	7	0

图 6-7 各地市从事修复工作人员情况

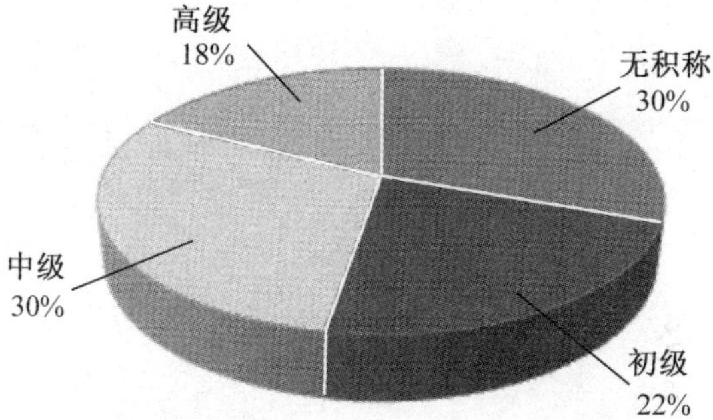

图 6-8 文物保护修复从业人员职称情况

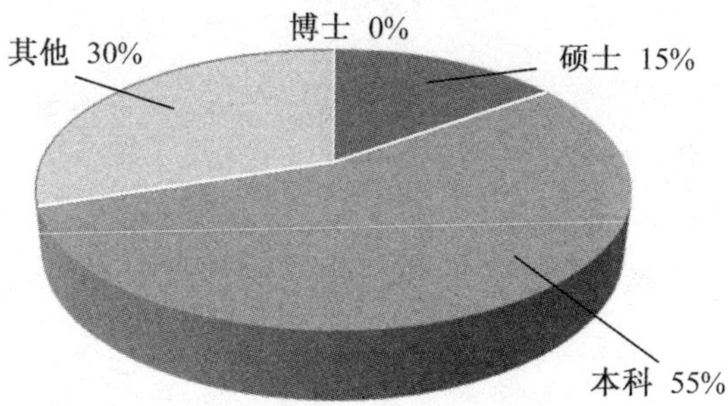

图 6-9 文物保护修复从业人员学历情况

6.2.1 专业背景情况及分析

192 人中,有文保专业背景的 27 名,占总人数的 14%;具有文博专业的 60 名,占总人数的 31%;具有其他专业的 105

名，占总人数的55%。文物保护、文物修复和理工类文保专业背景人员过少，而财会、文秘和经济管理等各种非文保专业背景人员偏多。文物保护队伍多是半路转行，缺乏专业化的知识、经验和技术，对文物保护工作相当不利(见图6-10)。

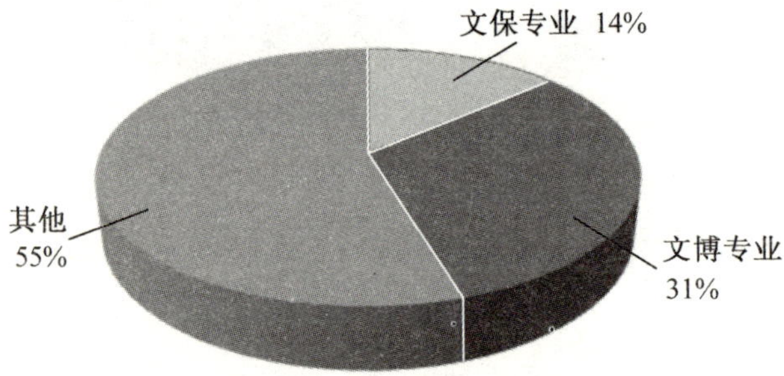

图6-10 文物保护修复从业人员专业背景情况

6.2.2 年龄结构情况及分析

192人，中20～35岁的有75名，36～50岁的有86名，51～65岁的有31名，50岁以下的占84%，文物保护修复队伍呈年轻化趋势。年轻人易于接受新事物，知识消化吸收快，经过学习培训，能将老辈人传统的修复方法与现代科学技术相结合，将修复与研究相结合，有利于加快我省文物保护与科研工作的步伐(见图6-11)。

6.2.3 用工情况及分析

192 人中，在编 156 名，聘用 30 名，返聘 6 名。178 个文博单位中专门设立文物保护修复部门的较少，从事文物保护修复工作的在编人员多兼职其他工作，不能专心从事文保工作。如泰安市宁阳县博物馆此次统计，文物保护修复人员共 5 人，副馆长就有 4 人。文物保护修复是一项专业性较强的工作，需要专职修复人员，而真正有能力实施修复的人员较少，这可以通过聘用社会人员来解决。但从统计分析来看，聘用人员只占 16%，且聘用人员多为年轻人，单位不能拿出资金留住人才，也不愿申请项目，并通过项目留住人才，使得年轻人把此工作作为跳板，最终选择其他职业，造成人才流失严重(见图 6-12)。

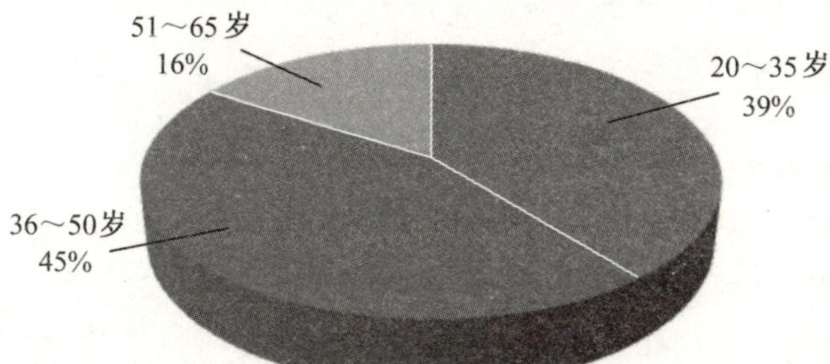

图 6-11 文物保护修复从业人员年龄情况

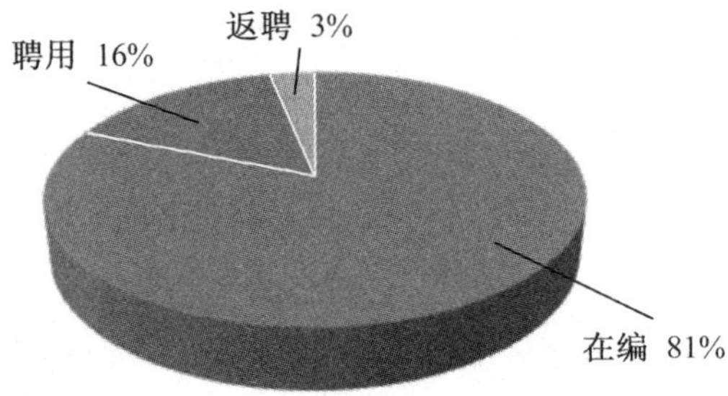

图 6-12　文物保护修复从业人员用工情况

6.2.4　参与培训和项目情况及分析

192 人中，参加过国家文物局举办的文物保护培训班的仅有 77 人次，参与过国家文物局批准的可移动文物保护修复项目的共有 97 人次。整体来说，保护修复人员参加培训次数少，参与项目偏少，且培训与项目多侧重于金属类文物和陶瓷类文物，涉及文物种类少。

6.2.5　人员分布情况及分析

从各地市文物收藏数量与文物保护修复从业人员数量对比来看，各地市人员与藏品数基本成正比。经统计分析，文物保护修复人员多集中在市级博物馆，县级博物馆几乎没有。从全省来看，文物保护修复人员分布不均匀，地域差异较大（图 6-13）。

6.2.6 科研水平情况及分析

据统计，在192人中，有6人（占总数的3%）没有专长；84人（44%）只具备常规养护专长，即只能完成简单的清理工作；90人（47%）具备基本修复专长，即能完成某一类或某几类文物的简单修复工作；真正具备文物保护专长的只有12人（6%）。也就是说，能完成预防性保护、分析检测、记录、保护修复处理、课题研究和教育等一系列工作的人员过少，致使整个文物保护修复团体科研水平不高（见图6-14）。

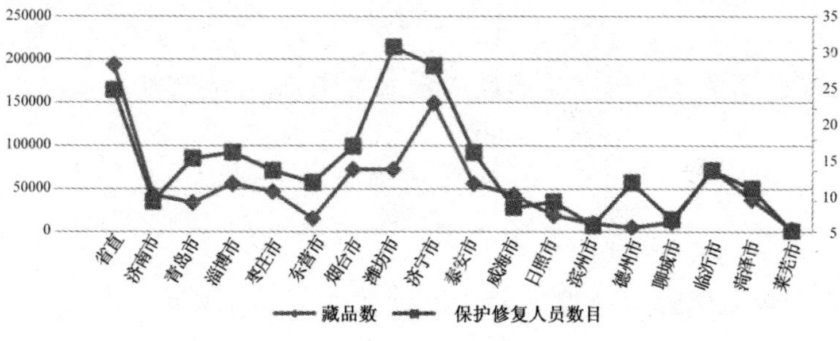

图6-13 山东省各地市文物收藏数量与文物保护修复从业人员对比

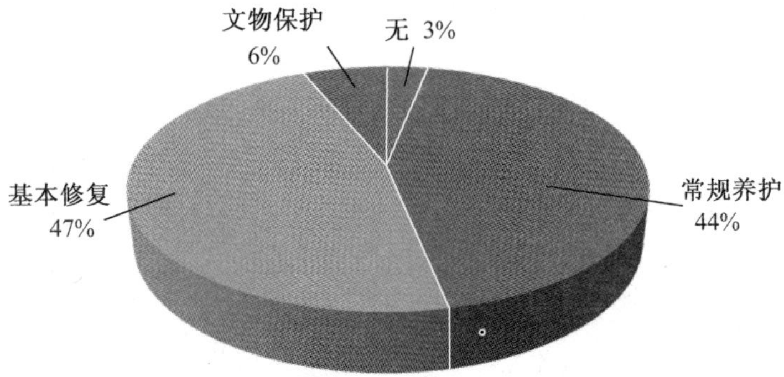

图 6-14　文物保护修复从业人员专长情况

6.2.7　保护修复场地人员及可开展工作分析

在省内45处保护修复场地从事文物保护工作的人员共计139人，占全省从事文物保护人员总数的72%，是省内从事文保工作的中坚力量。从可开展工作方面看，这批人中以从事陶瓷器及青铜器修复者居多，这主要是由于省内各地考古工作的大量开展。各地市都展开了一定规模的出土文物保护工作，主要内容为文物清理、清洗及拼接，大多数为文物修复，并不涉及文物保护技术。另外，由于书画装裱技术在社会上的应用较广，也有较多场地开展了纸质文物的保护修复工作。目前，可从事石质文物保护的仅山东博物馆、烟台市博物馆、青州市博物馆三家，从事纺织品、壁画保护的仅有山东博物馆一家，从事漆木器保护的仅有山东省文物考古研究所一家(见图 6-15)。

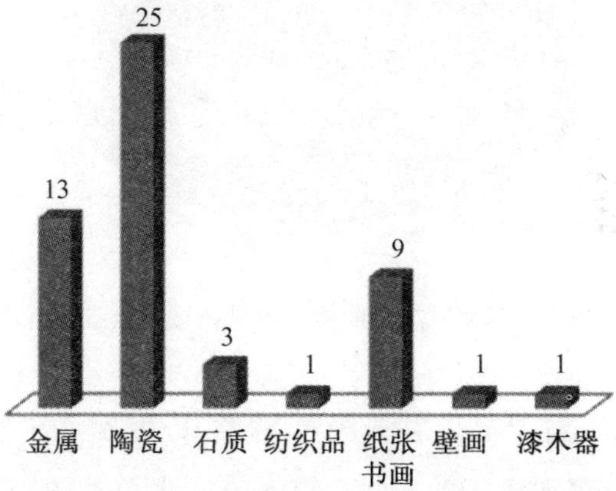

图 6-15 45 处保护修复实验室可开展工作情况

由此可见，山东省内的文物保护工作整体上还停留在一个较为初级的阶段，仅有几家文博单位做到了修复与保护并重。山东省文保事业想要发展，必须对省内的人员加以系统培训整合，提高业务水平，并提供技术和设备方面的支持(见图 6-16)。

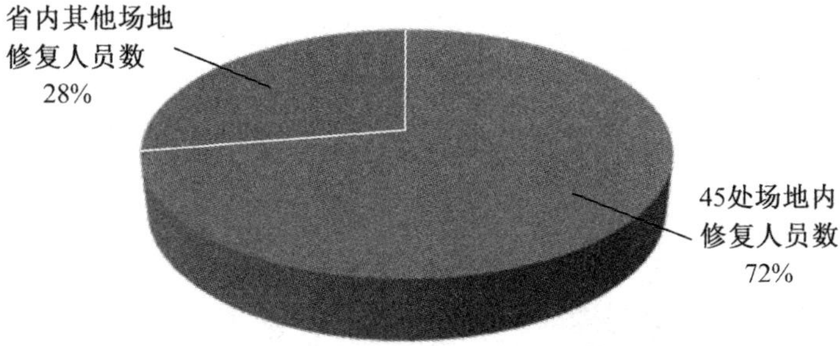

图 6-16　具有修复场地的修复人员数量在全省所占比例

据此次统计，山东省国有博物馆共收藏可移动文物941388件，存在病害的文物414433件，占总数的44.02%，而全省文物保护修复从业人员只有192人。与博物馆数量及馆藏文物的庞大规模相比，我省的文物保护修复人员严重缺乏。而现有的192人也存在专业知识不强、经验不足、分布不均匀等方面的问题。文物保护修复人才的培养迫在眉睫。

7　文物保护修复项目情况及分析

7.1　近五年文物保护修复项目情况及分析

根据178个国有文博单位统计，2011～2015年，山东省共获得国家文物局批复的文物保护修复项目98个，经费合计13152万元。其中已完成项目21项，正进行项目47项，未开展项目30项。馆藏文物本体保护修复项目90项，预防性保护项目8项。涉及可移动文物25828件（见图7-1、图7-2、表7-1）。

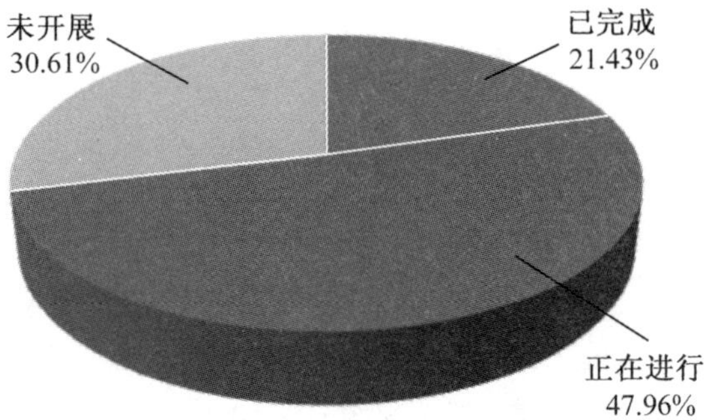

图 7-1　2011～2015 年山东省文保项目执行情况

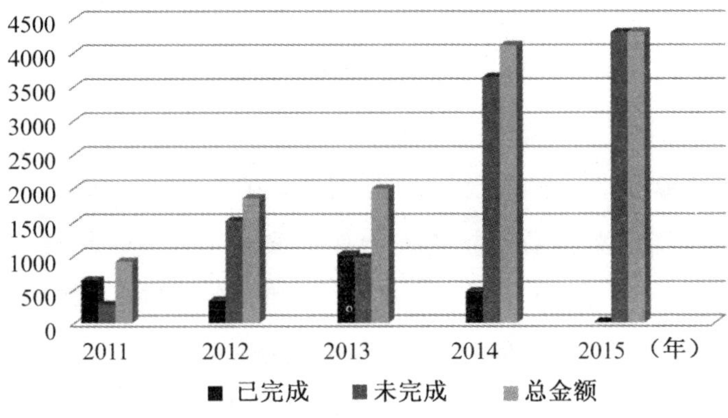

图 7-2　2011～2015 年文保专项经费使用情况

随着国家文物局、各级政府加大对博物馆基础设施建设和馆藏文物保护的资金投入，山东省可移动文物保护修复项目数和补助资金也逐年增加，这对山东文物保护事业的发展起到了极大的推动作用。但同时，这些项目也存在着规划不合理、实施进度缓慢和预算资金执行不到位等问题。

(1)项目编制和执行单位情况

省内多家文博单位，在文物保护修复资质缺乏的情况下，能积极和省内外单位合作，申报项目，争取资金，合作完成项目，这是文物保护事业发展的积极因素。但这也说明省内的文物保护项目存在多头、分散各自为政的情况，缺少统一的科学规划。此外，诸多项目仍需和外省单位合作才能完成，说明各家文博单位保护修复能力尚有欠缺（见图 7-3、图 7-4）。

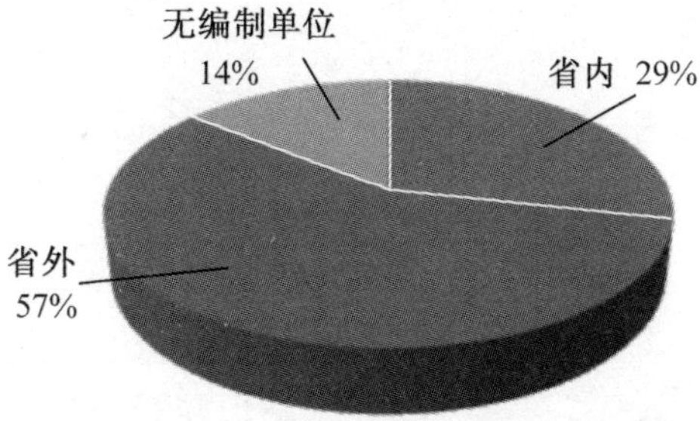

图 7-3 2011～2015 年文保项目编制单位情况

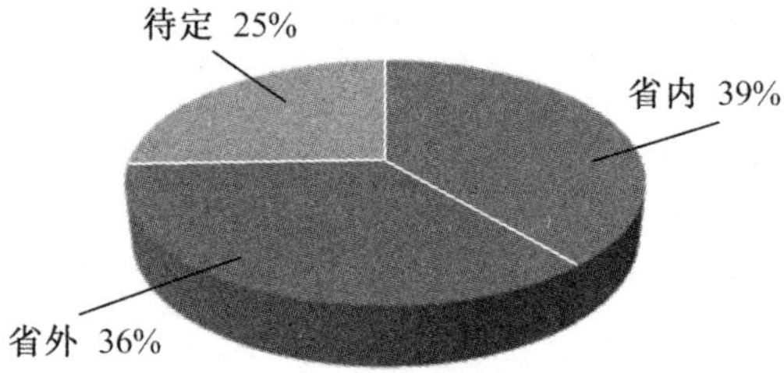

图 7-4　2011～2015 年文保项目实施单位情况

(2)项目执行缺乏规范

调研中发现,多数文博单位未按上报的保护修复方案中的工作进度实施项目,执行中未作中期汇报,完结后未上报结项报告和专家验收证明。

此外,项目资金预算执行缓慢,部分单位甚至出现资金下拨后,多年未开工的情况。近四年,保护修复项目资金使用率未超过 50%(见图 7-5)。

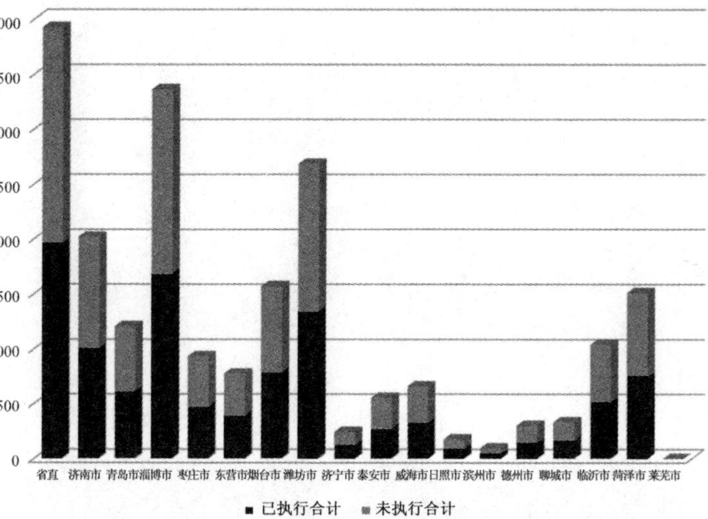

图 7-5 2011～2015 年各地市文保专项经费执行情况

(3)申报项目单位少

通过对 2011～2015 年各地市文保项目涉及文物数量情况汇总表进行分析可知，近 5 年来申报文物保护项目的文博单位，主要集中在省直、菏泽市、济南市、淄博市、日照市、烟台市、枣庄市等地，大部分地市申报项目少，甚至有零项目的地市。但从此次调研统计发现，其存在病害的文物数量比例较大，与申报项目数严重不符，说明这些文博单位对收藏的文物保存状况了解不足、责任意识差，同时也说明当地政府对文物保护工作的重视力度不够(见图 7-6)。

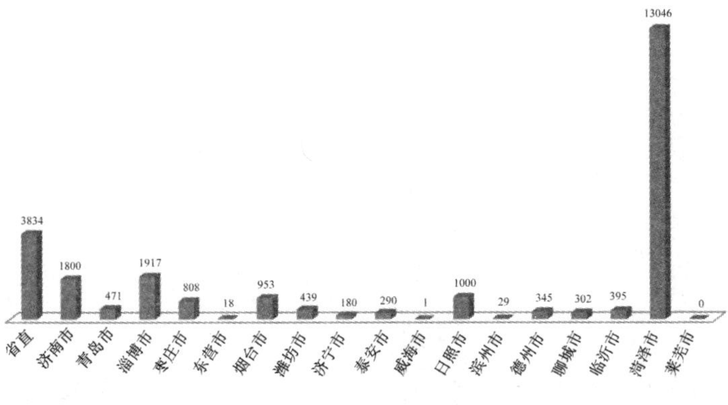

图 7-6　2011～2015 年各地市文保项目涉及文物数量情况

7.2　今后文物保护修复项目情况及分析

7.2.1　项目申报情况

根据 178 个国有文博单位统计，2016～2020 年“十三五”期间需求 453 个文物保护修复项目，经费合计 67134.41 万元。馆藏文物本体保护修复项目 375 项，预防性保护项目 78 项。涉及可移动文物 98264 件（见图 7-7、图 7-8、图 7-9、表 7-2）。

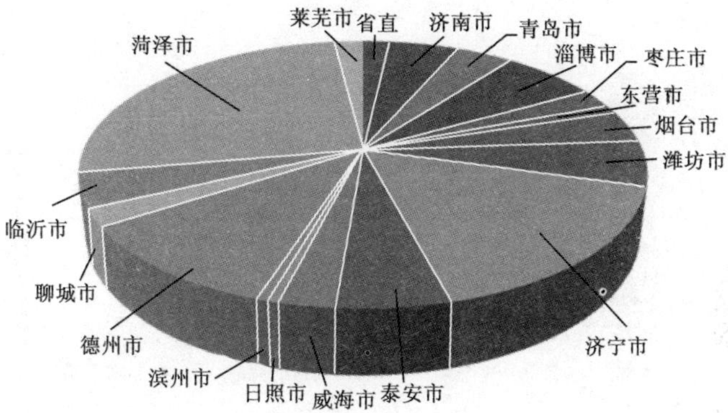

图 7-7 “十三五”期间拟申报项目各地市资金需求情况

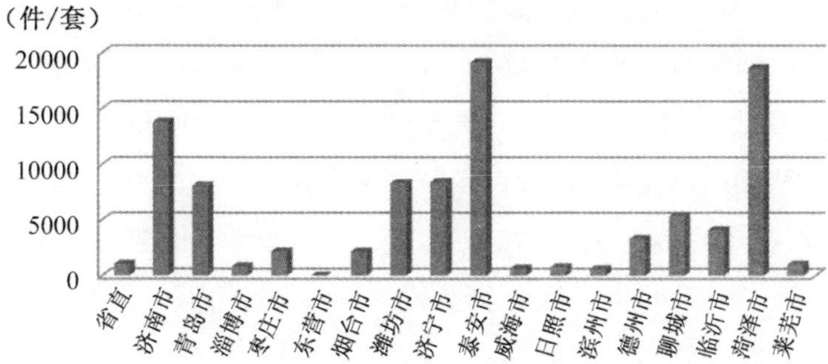

图 7-8 “十三五”期间拟申报项目的各地市文物数量情况

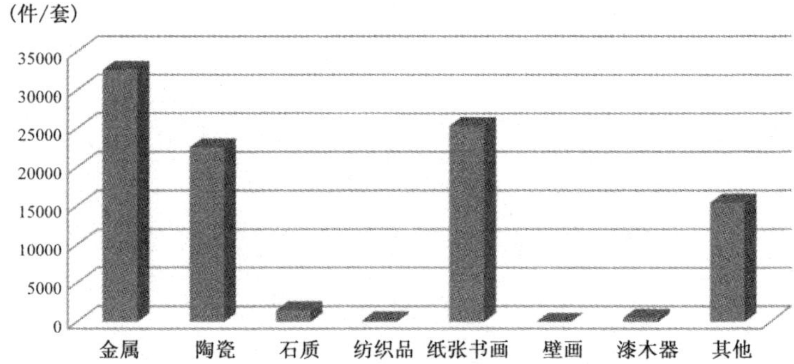

图 7-9 “十三五”期间拟申报项目的不同类别文物数量情况

经调查，在项目申报中存在以下问题：

(1)项目名称不规范

多处地市出现将不同类型文物打包成一项，以馆藏文物保护、某地出土文物、考古发掘文物等名义进行申报；将预防性保护项目拆分成多项，以展厅、库房、囊匣、柜架等多种名义进行申报；将同一项目拆分成多项逐年申报。

(2)经费需求不明确

多处地市出现申请经费与项目难度、文物数量不一致的情况(见图 7-10)。

(3)委托单位不准确

各地市申报项目时，委托方案设计单位呈现多样化，公司企业、各类事业单位均有，还有少数方案设计委托给不具备设计资质的单位(见图 7-11)。

通过以上问题可以发现，部分地市级文博单位对于项目的申报流程不了解，对项目难度与完成时间也没有明确的概念，需在省内对文保项目的相关知识进行普及。

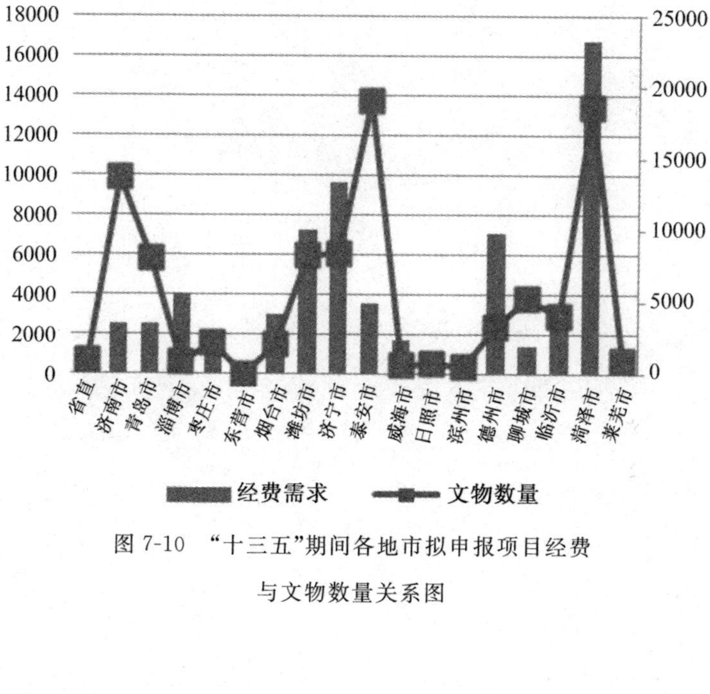

图 7-10 “十三五”期间各地市拟申报项目经费与文物数量关系图

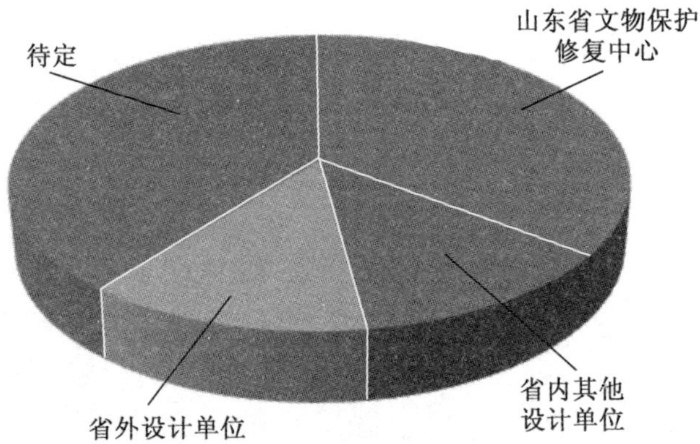

图 7-11 “十三五”期间拟申报项目的委托方案设计单位分类情况

7.2.2 面临的任务

“十三五”期间，需完成金属类文物保护修复项目 109 项、陶瓷器类文物保护修复项目 92 项、书画类文物保护修复项目85 项、预防性保护项目 78 项（见图 7-12）。这四类项目占“十三五”期间总项目数的 80%，将是今后开展工作的重点方向。

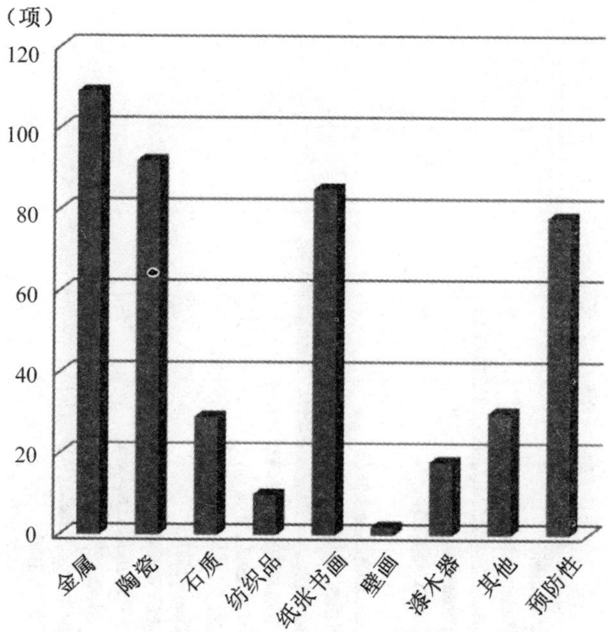

图 7-12 “十三五”期间拟申报不同文物类别的项目数量情况

各地市申报项目的数量呈现出极为明显的区域差异性(见图 7-13),以青岛、济宁、德州、临沂、菏泽等 5 市为最多。

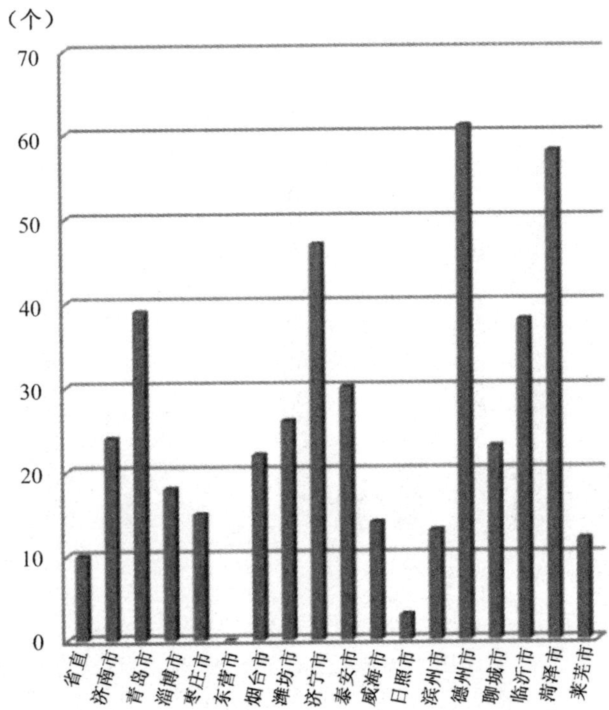

图 7-13 “十三五”期间各地市拟申报项目数量

8 “十二五”期间主要成绩

在省委、省政府的支持下，在省文物局直接领导下，“十二五”期间我省可移动保护修复工作主要取得如下成绩：

8.1 保护修复基础能力得以提升

8.1.1 机构建设

2015年2月12日，为进一步加强可移动文物保护，做好馆藏及考古发掘文物的保护修复工作，山东省编制委员会办公室同意成立山东省文物保护修复中心。该中心为山东省文物局所属处级公益一类事业单位，主要承担可移动文物保护修复的有关工作，承担文物修复的研究、技术推广、学术交流工作，培养文物保护修复人才。成立山东省文物保护修复中心，将有利于整合全省文物保护修复专业技术和人才力量，全面实施文物保护修复工程。

部分地市也成立了相应的可移动文物保护修复机构，如菏泽市文物保护修复中心、定陶县文物保护修复中心、曲阜市文物保护修复中心。

8.1.2 从业人员

经统计，全省共有 192 人从事可移动文物养护、修复、保护工作。192 人中有 156 名在编人员，占总数的 81%，说明文物保护得到一定程度的重视。各文博单位不断引进相关人才，开展文物保护工作。192 人中，本科以上学历有 134 人，占总数的 70%；中级以上职称有 91 人，占总数的 48%。我省文物保护修复人员整体水平较高，有一定的科研能力。而 192 人中，35 岁以下的有 75 名，35～50 岁的有 86 名，50～65 岁的有 31 名，50 岁以下占 84%，说明我省文物保护修复队伍呈年轻化趋势。年轻的保护修复队伍可塑性强，知识消化吸收较快，经过系统培训，将会很快提高我省文物保护修复水平。

8.1.3 保护修复场地建设

2015 年 6 月 24 日，山东省文物保护科研修复工场奠基，工程建设正式启动。项目集收藏、保护、修复、科普于一体，主要建设文物标本库房、考古整理基地、文物保护修复基地、公众考古科普中心四个部分，将成为山东省文物收藏、修复、展示中心和文化交流的重要窗口。其中用于可移动文物保护修复实验室建设面积不少于5000m^2。

省直和地市文博单位通过项目带动，建设了45处不同规模的保护修复场地。

8.1.4 保护修复设备逐渐增加

近5年，全省共投入995.5万元用于实验室仪器设备购置，不仅配备了一批基础设备、保护修复专业设备，部分文博单位还购置了少量分析检测设备。以此为基础，全省共有19处文物保护修复场地可独立完成不同类别的文物保护修复工作，文物科技保护能力得到进一步提升。

8.2 可移动文物保护修复项目

8.2.1 文物本体保护修复项目

2011～2015年，全省共向国家文物局申请到98个可移动文物保护修复项目，国拨专项经费总额为13152万元。部分地市文博单位还从地方财政申请到一定数量的文物保护修复资金。经国家文物局批准实施的这些项目中有 90 项涉及文物本体保护修复,文物数量为 25828 件。

在省文物局的指导下,有效实施了菏泽古船、定陶汉墓出土梓棺、汉袍、彩绘文字砖、沂水纪王崮出土青铜器等具有一定影响力的文物保护修复项目。

8.2.2 预防性保护修复项目

“十二五”期间,国家已逐渐将文物保护的重心从抢救性保护向预防性保护转变。省文物局抓住这一机遇,积极引导地市申报预防性保护项目。近 3 年,共申请到 8 个预防性保护项目,涉及山东博物馆、青岛市博物馆、烟台市博物馆和青州市博物馆等多家单位。

8.3 科研组织初步建立

8.3.1 国家级科研基地工作站建设

部分文博单位经过努力,在与省外实力较强的文博单位合作的过程中,较快地提升了自身的保护修复能力,具有了某类别文物保护修复的专长,得到了业界的认可。如陶质彩绘文物保护国家文物局重点科研基地工作站在青州正式挂牌,就起到了示范作用。

此外，出土木漆器保护国家文物局重点科研地、可移动文物预防性保护国家文物局重点科研基地均有意向在山东设立工作站。

8.3.2 省级级科研基地建设

经过省文物局的认真调研，2014 年 5 月，在全省范围内共确定了 7 处文物科研基地，其中 5 处属可移动文物保护范畴。省级文物科研机构的设立，将有效推动全省文物科研能力的快速提升。

8.3.3 科研课题得以开展

经过各文博单位的积极申报，省文物局的严格甄选，于 2014 年 5 月，共确定 6 个重点课题，其中 2 个属可移动文物保护范畴。省级重点文物课题的立项，有利于文物保护人员科研素质的提高，从而带动科研团队能力的整体发展。

9 现状、发展机遇与趋势

9.1 现状

“十二五”期间，在省文物局的正确领导下，可移动文物保护从机构设置、课题研究、可移动文物保护修复项目等方面取得了一定成绩，但尚存在文物保存环境不佳、现状不清，保护修复人才不足，场地设备和科研水平滞后，项目缺乏科学规划、实施进度缓慢等情况。

9.1.1 对文物保护修复工作认识不到位，重视程度不够

与考古、古建、博物馆等工作相比，可移动文物保护工作尚未得到高度重视。就博物馆而言，藏品是博物馆事业发展

的重要物质基础，保护工作是研究、利用、展示和传承的前提。这一点在实际工作中并没有得到充分的认识和重视。省内国有文物收藏单位每年用于文物保护修复的经费在本单位业务费中所占比例极低，甚至有部分文物收藏单位的文物保护修复经费常年为零。

省内仅有不足34%的国有文物收藏单位拥有文物保护修复人员，这些人员通常身兼数职，主要工作往往集中在保管、保卫等方面，存在专业知识缺乏、素质参差不齐等现象。保护修复工作尚且如此，日常养护（维护）和定期监测制度更是形同虚设。“文物的自然损毁是正常现象，保护保管人员不对其负有责任”的荒谬认知普遍存在。

9.1.2 文物本体和预防性保护任务繁重

（1）文物本体保护任务繁重

据2014年统计年鉴，全省共有可移动文物195万件/套，一半以上需要本体保护修复，任务繁重。

（2）预防性保护任务繁重

可移动文物保存环境普遍堪忧。恒定和洁净的保存环境对于文物保护至关重要，目前只是部分新建的省级博物馆和地（市）级博物馆具备文物保存环境调控功能，许多文物收藏单位缺少必要的保存环境控制技术和设备，保管设施设备严重短缺，文物堆积裸放现象普遍存在，导致文物自然损毁严重。

9.1.3 保护修复基础能力薄弱

(1)保护修复技术人员及研究人才严重不足

人才是事业发展的核心动力,可移动文物保护修复工作也不例外。我省从事可移动文物保护修复工作的人员中有文博背景的人员不足90人,从事一线保护工作的修复人员严重短缺,其因素主要有以下几个方面:各地市忽视基层文物保护人才的培养,待遇偏低留不住高素质的专业人才;项目通常由外省文博单位完成,本省文保人员只参与其中极少部分,缺少项目执行经验;山东境内缺乏具有一定规模的专业化保护修复机构和队伍,无法有效总领各地市人才培养任务。

(2)保护修复所需场地、设备不足

山东境内文物保护修复场地过少,保护修复力量布局不合理,方向单一,不足以完成省内各类文物保护工作,且设备经费投入过少,分析检测设备严重短缺。

(3)可移动文物保护修复经费投入严重不足

本次调研结果显示,全省文博单位存在病害文物共414433件,经费需求巨大。目前省级、地市财政较少支持可移动文物保护修复,多依赖于国家文物局拨付经费。但国家经费多用于三级以上级别文物,对于三级以下文物支持较少,造成经费严重不足。另外,各地市申请的经费多为抢救性保护修复项目涉及预防性保护方面较小。总体来说,国家、省、地市财政投入远不能满足目前可移动文物保护修复所需。

9.1.4 管理体制缺乏

(1)全省缺乏战略研究和规划

全省文物保护项目申报缺乏统一规划,发展不均衡。部分地区重视文保工作,申请项目多,资金充足;部分地区文物保护意识差,历年来极少申报文物保护项目,致使山东境内呈现少数地区文物保护事业蓬勃发展,而大部分地区则处于相对落后的一种状态。

(2)缺乏保护修复项目管理体制和机制

2011～2015年,共成功申请项目98项,项目完成率不足21%,已完成的多为地市级拨款的小额项目。部分地市级文物行政部门受人员编制的限制,长期没有专门机构或专人负责此项工作,管理跟不上,执行力度不够,重申报,轻管理,缺乏统筹等现象尤为明显。在业务管理方面,技术标准的贯彻尚需加强,不按照操作规程实施、重大技术路线调整未经论证、保护修复档案缺失等情况仍属较为普遍的现象。

9.1.5 文物科技研究能力亟待提升

近年来,国内文物保护相关科研活动非常活跃,经费较以前有了大幅增加。省内文物保护科研技术水平并没有明显提高,各种门类的研究活动主要依靠省外单位带动。基础条件与科学研究经费较以往没有明显改变。尽管近年来也有一批高学历的人才充实到保护队伍中来,但是这批新进人员普遍存在动手少、找不到本专业与文物保护工作的结合点、研究方向与保护需求脱节明显等现象。因此,我省必须建立一个有组织管理规划能力的文物保护专业团队,整合省内的科研力量,将这批年轻的科研人员投入到保护工作第一线中,从文物保护的实际问题入手,提高动手能力,在保护修复中提出、发现和解决问题。

9.2 发展机遇

9.2.1 可移动文物保护修复工作逐渐受到重视

党的十七大将包括文物博物馆事业在内的文化建设纳入全面建设小康社会的总体布局,明确要求"重视文物和非物质文化遗产保护"。国务院《关于加强文化遗产保护的通知》为新时期文物事业指明了发展方向,部署了主要任务,设立了"文化遗产日",为文化遗产保护营造了良好的社会环境。"十二五"时期,文物保护能力建设明显加强。一批文物博物馆法规制度相继实施,文物保护制度初步建立。文物科技工作取得长足进步，科技支撑引领作用得以提升。

2016 年，习近平总书记关于文物保护工作的重要论述的发表，更是我们党新时期发出的大力传承弘扬中华优秀传统文化和高度重视文物工作的新信号和动员令，是指导我国文化文物事业发展的思想武器和行动指南。

十七大以来，山东省委省政府对文物保护的立法工作高度重视。《山东省文物保护条例》已于 2010 年 12 月 1 日正式颁布施行。这些法规成为山东文物保护工作的坚实基础。此外，2011 年山东省政府与国家文物局签署了《合作加强山东文化遗产保护工作框架协议》，2014 年山东省政府与故宫博物院签署了《关于文物事业加强交流合作框架协议》，其中都明确了加强学术科研、文物保护修复、文博专业人员培训和人才队伍建设等方面的要求，这为山东文物保护事业的发展创造了良好的合作氛围。

9.2.2　可移动文物保护修复经费投入不断加大

随着国家和各级政府加大对馆藏可移动文物保护的资金投入，山东省可移动文物保护修复项目数量和专项补助资金也逐年增加。这显示从国家到地方政府层面，都意识到文物保护修复工作的紧迫性和重要性，对山东文物保护事业的发展起到了极大的推动作用。

9.2.3 山东省文物保护修复中心获批成立

2015 年 2 月，为加强可移动文物保护机构保障和技术支持，省委、省政府决定成立山东省文物保护修复中心。中心为省文物局直属处级公益一类事业单位，主要职能是承担可移动文物保护修复的有关工作，承担文物修复的研究、技术推广、学术交流工作，培养文物修复保护人才。

9.2.4 初步形成规范化项目管理体制

"十二五"期间，全省共有 8 家文博单位获得可移动文物保护技术设计和修复资质。这些单位充分发挥自身优势，在为本单位设计方案和实施项目的过程中，还积极为省内其他文博单位制作文物保护方案，并通过多种方式开展项目合作。在省文物局的监督管理下，能够确保可移动文物保护修复项目由具有国家认可的资质单位执行，使项目管理逐步走向有序化和规范化。

2015 年 7 月，省文物局颁布了《关于加强全省可移动文物保护修复工作的通知》(鲁文[2015]85 号)。明确规定了省文物保护修复中心的主要职能是整合利用省内外文物保护修复力量，统筹开展全省国有博物馆的可移动文物保护修复工作。今后，各地可移动文物保护的方案编制、项目资金申报、修复和预防性保护具体实施等工作，将由中心统一规划、统一实施、统一监督。这为进一步规范项目管理打下了坚实的基础。

9.2.5 向社会力量购买服务政策出台

根据《山东省人民政府办公厅关于印发政府向社会力量购买服务办法的通知》(鲁政办发[2013]35 号)、《山东省机构编制委员会办公室、山东省财政厅关于印发政府购买服务范围审核办法的通知》(鲁编办发[2015]4 号)、《山东省机构编制委员会办公室关于做好 2016 年度政府购买服务范围审核工作的通知》(鲁编办[2015]103 号)等文件规定，文物保护的相关辅助性工作可以向社会力量购买，这为文物保护工作提供了有力的政策保障。同时，我们也可以这些政策为指导，正确引导社会力量为国有文物的保护修复工作做出贡献。

9.3 发展趋势

9.3.1 文物保护修复网络体系建设

为实现资源共享，国家文物局联合各方力量搭建开放合作的科技创新平台，初步建成全国文物保护修复网络体系，并取得一定社会效益。各省积极参与，不断探索适合于本省的文物保护修复网络体系建设模式。我省也在积极研究如何建立适合本省情况的文物保护修复网络体系。

9.3.2 由治病发展到诊病、治病、防病并重模式

自“十二五”起，国家文物局将文物保护发展方向从重视文物本体保护修复，逐渐向文物预防性保护和文物健康评测方面转变。文物的健康评测，包括文物现状调查、资料档案、数据库建设、检测分析和评估、规划和方案设计及其相关标准、人员培训、资料出版等方面的内容，也就是文物的保护中的诊病环节；文物的预防性保护则包括文物微环境的检测控制等内容，也就是文物保护中的防病环节。通过文物病变分析，控制文物保存微环境，最大限度地减缓文物病变速度，对濒危文物再进行有效的保护修复。诊病、治病、防病三者并重，将有效减缓文物的衰老速度，有利于文物的长久保存。

9.3.3 现代科学技术广泛应用于文物保护

现代科学技术的进步已成为推动文物保护事业发展最直接、最重要的力量。在文物保护与修复领域，先进的现代科技越来越受瞩目，如 X 光探伤、红外热像探测、激光清洗、3D 打印技术、三维视频显微镜观察等技术，近年来均取得长足发展。生物技术、空间技术、信息技术等高新技术的广泛应用，极大地丰富了文物保护的方法与手段。积极应用现代科技手段挖掘、传承和改良文物保护的传统工艺，将有力加

强现代信息技术在文物保护、利用、管理、传播和传承中的应用。科技支撑文物事业发展也成为国家文物博物馆事业发展规划的一项重要发展战略。

9.3.4 愈来愈重视文物材质、劣化机理研究和保护修复材料研究

近年来，针对文物劣化机理研究薄弱，制约保护技术进步的现状，科研人员不断开展各类别文物材质劣化的因素、劣化过程和腐蚀产物等研究，利用现代分析检测技术揭示文物劣化过程，为文物保护修复提供理论依据。同时，针对文物保护材料，开展了文物保护材料的分类方法研究、评价指标研究、材料应用数据库建设等研究，文物修复材料应用的有效性和安全性得到较大提高。随着文物材质及其劣化机理与防治等方面的研究不断深入，将引发文物保护技术的重大突破。

10 “十三五”规划建议

为明确我省今后一个时期可移动文物保护修复工作的方向与任务，确定“十三五”期间文物保护修复工作的重点，需要制定“十三五”发展规划。在以上分析结果的基础上，就“十三五”规范的发展目标、工作思路、主要任务、重点项目和保障措施等提出建议，以便于整体规划的编制。

10.1 发展目标及思路

10.1.1 总体目标

建成一支既能开展具体文物保护修复项目，又能进行科学研究的人才队伍，培养出在国内具有一定影响力的专家团队;建成能开展不同质地可移动文物保护修复、具有一定特色的全省可移动文物保护修复网络体系。

10.1.2 发展指标

(1)培养一批文物保护修复技术人员和科研人才。今后5年内,通过各种形式,争取培养100名文物保护修复技术人员,培养出5~10名具有一定科研能力的文物保护修复科研人才。

(2)建立具有山东特色的可移动文物保护修复网络体系。初步建成以山东省文物保护修复中心为依托的全省综合技术中心,3~5个以地市博物馆为依托的区域中心,10~15个以县级博物馆为依托的科技工作站,社会力量作补充的全省可移动文物保护修复网络体系。

(3)建立可移动文物保护修复项目管理体制、机制。建立健全全省项目管理体制,同时建立可移动文物保护修复项目档案数字化等管理机制。

(4)申请到不少于100个可移动文物保护修复项目。通过多种方式,争取申请到不少于100个覆盖不同质地的可移动文物保护修复项目。不仅要做好新立项目的实施工作,而且要做好“十二五”延续项目的结项工作。

(5)建立全省可移动文物保存环境监测平台及健康评测体系。

(6)加强对外合作,申请成立3个国家级科研基地工作站。

(7)提升全省可移动文物科研水平,争取独立申请到国家文物局科研课题。

10.1.3 工作思路

在省文物局的正确领导下,立足于全省可移动文物保护现状,正确把握国家文物局在可移动文物保护修复方面的发展方向,以实施可移动文物保护修复为动力,逐步建立适合我省的文物保护修复网络体系,提升全省可移动文物保护修复基础能力,初步奠定全省文物保护科研工作基础。

10.2 主要任务

10.2.1 提升全省可移动文物保护修复基础能力

(1)建立可移动文物保护修复人才培养机制

①可移动文物保护修复技术人员培养机制

通过一些较大型项目,举办全省某类文物保护修复培训班,聘请外省文物保护专家开展理论和实践课程,提升现有文物保护修复人员的理论和技术水平,充实、扩充全省文物保护修复队伍,以应对日益繁重的文物保护修复任务。

请进来:利用国家文物局已批准的可移动文物保护修复项目,与外省经验丰富的文博单位、国家文物局重点科研基地等技术力量较强的单位进行合作。文物保护修复项目在省内某个文博单位实施,合作方来人培训指导,而不是将文物直接运到外地进行保护修复。通过这种合作方式,不仅可以完成文物保护修复项目,而且能培养我省文物保护修复人才。

送出去:积极开展和故宫、上海博物馆、荆州文物保护中心等单位的合作,不定期将文物保护修复技术人员送到国内有影响力的单位进行学习交流,从而提升人才素质。另外,积极参加国家文物局举办的各类培训班尤其是长期班,不断提高修复技术,增加修复经验。

②可移动文物保护修复科研人才培养机制

充分利用我省文物资源,与高校、研究力量较强的文博单位合作,从国家文物局、省文物局、省科技厅等多方争取参与或主持课题研究机会,从而提升我省文物保护修复的科研能力。有计划安排、培养出在国内有一定影响力的文物保护专家和修复专家。

(2)建立全省可移动文物保护修复网络体系

省文物局《关于加强全省可移动文物保护修复工作的通知》(鲁文[2015]85 号)指出:“逐步建立以省文物保护修复中心为核心,地方重点博物馆为骨干,社会力量为补充的可移动文物保护网络体系。”这为我省文物保护修复网络体系建设指明了方向。

2013年，国家发布《可移动文物保护修复室规范化建设与仪器装备基本要求》(GB/T3028-2013)，将文物保护修复网络体系分为文物保护修复综合技术中心、文物保护修复区域技术中心和文物保护修复科技工作站三级。如果按照场地面积、设备投入和人员标准严格核定，山东只有1～2家文博单位符合文物保护修复科技工作站的要求。介于此，在今后5年内应积极争取国家文物局、省财政支持，建设1个文物保护修复综合技术中心、3～5个文物保护修复区域技术中心、10～15个文物保护修复工作站。

①文物保护修复综合技术中心建设

2015年6月24日，山东省文物保护修复科研工场正式奠基，其中5000平方米的场地将用于文物保护修复实验室建设。今后3年时间内，积极做好前期调研，分阶段逐步建设文物保护修复实验室。按照2013年《可移动文物保护修复室规范化建设与仪器装备基本要求》(GB/T3028-2013)标准中“文物保护修复综合技术中心”要求进行设计，逐步购置，积极争取国家文物局支持，早日将其建设成国内一流的“省级综合文物保护修复中心”。

山东省文物保护修复中心是我省为适应当前可移动文物保护任务需求而成立，在资金、政策上给予了大力支持。

2016年，山东省文物保护修复科研工场顺利开工建设，为建设我省文物保护修复综合技术中心奠定了基础。在今后5年内，当以国家标准中综合技术中心为目标，请省文物局给予更大支持，早日结束山东无文物保护修复综合技术中心的局面。

②文物保护修复区域技术中心建设

根据函调和既往考察的情况，选择3～5个文物数量较多、人员和场地比较理想的地市博物馆，按照区域技术中心的要求，从政策和资金上给予支持。在今后5年内，逐渐建设成区域中心，可以承担相应区域的可移动文物保护修复工作。

③文物保护修复工作站建设

近些年来，一些县级博物馆通过项目带动，建设了小型文物保护修复室，重视了人员的培养和储备，可以开展青铜、陶瓷、书画、砖石等类文物的保护修复工作。从中选择有潜力且当地领导重视的区县给予重点支持，同时，从项目上给予倾斜，促进其发展。在未来5年内，建设10～15家文物保护修复科技工作站。

10.2.2 规范化开展可移动文物保护修复项目

(1)建立全省可移动文物保护修复管理体制、机制

在省文物局大力支持下，2015年度15个全省可移动文

物本体保护项目经费全部由省文物保护修复中心进行管理和执行。15 个项目共涉及 11 家文物收藏单位、9 家方案设计单位。如何推进本年度的项目是当前的主要任务,也是探索项目管理体制的大好时机。只有兼顾多方利益,才能有效推动项目的顺利实施。

通过 2015 年度项目的实施,摸索出全省文物保护修复项目的管理体制,以指导今后文物保护修复项目实施。主要从项目进度、资金使用、修复技术、工作流程、技术档案等方面形成相应的管理机制,以提高可移动文物保护项目管理的科学化、规范化、制度化水平为目标。

建议参照既往项目管理经验及国家文物局的规定,制定适合我省的项目管理体制、机制。根据既往的情况,初步拟定了我省项目管理流程图(见图 10-1),供省文物局参考。

项目立项:文物收藏单位参照省文物局公布的《山东省文物保护修复中长期规划》,提出立项报告,由地市文物局汇总后上报省文物局。由省文物局根据规划和项目库统一进行筛选,时间节点安排在每年 10 月底。

方案编制:省文物局同意立项的项目,由项目单位委托给有资质的单位进行保护修复方案的编写工作。

项目申报:每年 12 月底提交次年文物保护修复方案,由省文物局统一进行方案评审。未通过者进行修改,修改后可再次申报。由省文物局统一向国家文物局申报。

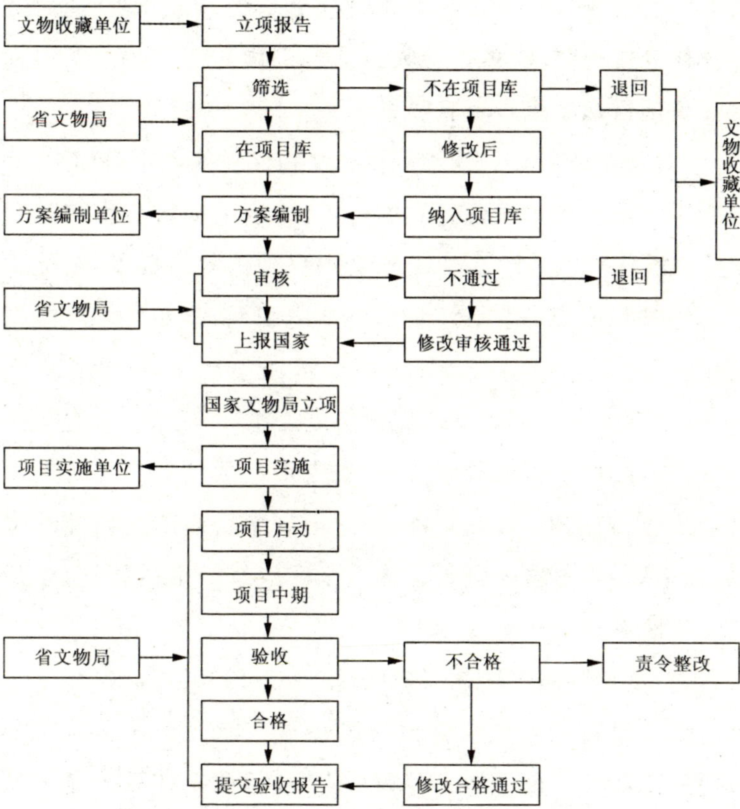

图 10-1 山东省文物保护修复项目工作流程

项目实施：国家文物局当年立项项目，由省文物局统一指定实施单位。

项目管理：在项目实施过程中，由省文物局统一进行启动、中期评估、监督等相关工作。

项目结项：项目结束时，项目单位提请省文物局组织验收工作。验收合格者在3个月内提交验收报告及验收意见。不合格者进行整改,再行验收。由省文物局统一向国家文物局提交项目结项报告及验收意见。

(2)建立未来5～10年可移动文物保护修复项目库

进一步梳理本次调研的项目需求,规范项目名称和时间安排,建立全省2016～2025年文物保护修复项目库,按此项目库的时间安排,有计划地推进全省可移动文物保护修复工作。

(3)有序开展文物本体保护修复工作

根据此次调研结果分析,全省受损数量较多的文物类别是金属器、陶瓷器、石刻文物,濒危占有率较高的文物是纺织品、古书画、漆木器等脆弱文物。今后应按轻重缓急,有序开展文物的本体保护修复。

(4)重点开展预防性保护项目

显著提高省内馆藏文物的风险预控能力。基本建立全省博物馆环境质量评估、监测和调控技术支撑体系。通过项目带动,应用空间信息技术、图像分析技术、环境监测技术、物联网技术、海量数据存储与分析技术等,建立基础地理数据库、环境监测数据库、文物状态数据库、图像存储信息库、安全防范数据库等,形成文物预防性保护及辅助决策的技术支撑体系、标准规范体系和信息管理系统平台。

10.2.3 科学组织可移动文物研究

(1)建立适合全省整体科研水平的管理体制及科研机制

全省文物保护研究基础薄弱,研究人员分散且数量少,整体研究水平较低。今后可由省文物局主导建立科研平台,建立科研团队体制,完善科学的管理体制,总领全省文物保护科研工作。此外,还可逐步建立完善从课题申报、评审、立项、执行、结项、科研成果奖励到科研成果转化一系列具有活力的科研机制。先从省级文物保护科研课题开始,逐步提升全省科研能力,争取申请国家级文物保护科研课题。

(2)积极对外合作,申请成立三个国家级科研基地工作站

为更快有效地提升全省文物科研能力,可与国家文物局文物保护重点科研基地合作,借助这些科研实力较强单位的技术和经验,提高全省科研团队的整体水平。目前,省文物保护修复中心已与故宫博物院、上海博物馆、荆州文物保护中心多次接洽,争取年内与这三家单位合作成立三个国家科研基地工作站。

(3)课题研究

通过开展可移动文物保护修复项目,带动科研课题研究。每件可移动文物均有其特殊的历史、艺术和科学价值。在具体的保护修复过程中,不仅要关注其保护修复方法的研

究，且必须注重其科学价值的研究工作。在不断积累的过程中，逐渐形成一系列的科学研究计划，从中找出课题研究的切入点，申报国家文物局、山东省文物局、山东省科技厅等省部级课题。同时也要积极和国内文博单位合作，参与他们主持的科研课题，逐渐形成能独立申报国家级课题的能力。

10.2.4 研究国有科研机构与社会双向服务机制

(1)建立有序有效的社会力量参与可移动文物保护修复机制

针对目前人才短缺的情况，可采取整合全省文博单位可移动文物保护修复人员力量，集中应对较大型的可移动文物保护修复项目。在充分整合全省文博系统力量的同时，采取向社会力量购买服务的方式辅助实施项目。

可移动文物保护修复虽然没有明确分类，但确实存在商业修复。商业修复的目的是还原器物的完整，增强观赏性，常常会将文物修复得非常逼真。文物系统的保护修复与商业修复的目的有所区别，但修复手法有相通之处。利用社会商业修复力量，按照文物保护修复的原则开展工作，不仅可以解决文物保护修复人员不足的问题，还有助于文物保护修复人才技能的提升。

(2)研究国有科研机构向社会提供服务途径

国有文物科研机构除了对国有文博单位提供全面服务

外，也应面向社会提供多层次的服务。随着时下收藏热的盛行，文物的鉴定、保护修复和复制也不断受到重视。人们越来越关心所收藏文物的真伪、残破文物的保护修复以及对珍贵文物的复制。国有文物科研机构拥有较全的分析检测设备、技术高超的文物保护修复人员及专业的文物复制设备，可为收藏者科学鉴定文物真伪，有效保护受损文物及对价值较高的珍贵文物提供高仿复制品。此外，国有文物科研机构也可依靠自身技术优势，为文物收藏单位或个人进行文物衍生品设计与制作，繁荣文物文化市场。

10.3 重点项目

10.3.1 大型木质文物研究

大型木质文物是指长宽高比例大、体积及重量较大的文物，如定陶黄肠题凑汉墓、古船等。山东有定陶黄肠题凑汉墓和已出土的 12 艘古船资源，可以开展与出土木漆器保护国家文物局重点科研基地(荆州文物保护中心)合作，突出大型木质文物保护方向。出土木漆器保护国家文物局重点科研基地与山东有多年的合作基础，有意在山东建设工作站(大型木质文物方向)。争取今、明两年能正式挂牌，再用 3～5 年的时间升级为国家文物局的重点科研基地。

10.3.2 强化优势项目、增加民俗和革命文物保护项目

就目前我省文物保护修复力量来讲，可以完全独立开展纺织品、青铜器、铁器、陶瓷器、书画、石质等类别文物的保护修复工作，今后应向这些类别的文物保护修复项目倾斜。在全省文物保护修复网络体系中选择不同节点，提升这些类别文物的保护修复能力。

近些年来，山东与可移动文物预防性保护国家文物局重点科研基地（上海博物馆）合作申请到多项预防性保护项目。在此基础上，可继续加大与上海博物馆的合作，增加山东省预防性保护方案申报的成功率。

省文物保护修复中心新址需要大量经费投入，可以从预防性保护角度申报国家文物局项目经费，从而购置山东省综合性文物保护技术中心所需的文物分析检测设备，同样也可支持我省文物保护修复网络体系建设的网点建设工作。

近几年，山东上报革命文物保护修复项目较少，缺乏民俗文物的保护项目；从国家文物局批复的项目来看，也缺少民俗文物保护修复类别。我省若首开民俗文物保护修复项目，将是一个亮点，待时机成熟时可申请国家文物局的重点科研基地。

10.3.3 省文物保护科研修复工场综合实验中心建设

2015年6月24日，修复工场已经开工建设，在最近几年内，参照国内文物保护修复科研机构的经验，分批次购置文物保护修复基础设备和分析检测设备，逐步建成不仅能开展文物保护修复基础工作，而且能开展文物材质、劣化机理和保护材料研发等多项科研、名符其实的国内一流省级可移动文物保护修复综合技术中心。

10.3.4 建立全省可移动文物保存环境监测平台及健康评测体系

在提升可移动文物抢救性保护修复能力和水平的同时，也要关注环境对文物的破坏研究。通过建立全省博物馆、文物科研机构的文物保存环境评估体系，提升全省可移动文物的整体预防性保护水平。该系统以“稳定、洁净”预防性保护和风险管理为目标(见图10-2)。

在技术层面上，建立合适的博物馆环境因素检测和综合质量监测技术系统，形成科学的环境质量评估和环境调控产品质量评价技术，应用有效的主动调控和被动调控技术。

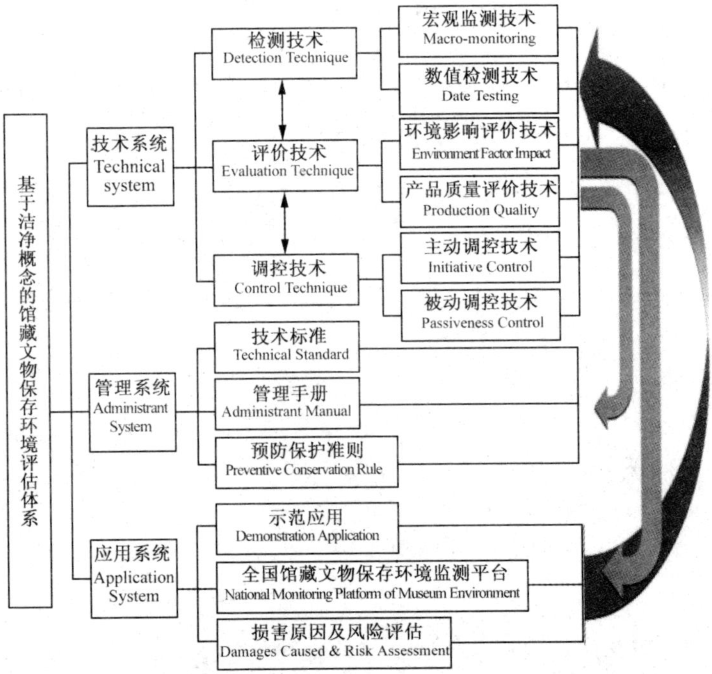

图 10-2　基于洁净概念的文物保存微环境评估体系的理念和内容框架

在管理层面上，建立博物馆环境风险预控管理系统，根据国家制定的一批技术标准，制定环境监测调控管理手册，形成文物预防性保护准则，有效地推进博物馆环境监测和调控工作。

在应用层面上，加入全国馆藏文物保存环境监测平台，基于环境因素对各种文物的破坏影响作用机理研究，实施文物保存环境风险评估和预控，形成馆藏文物保存环境监测评估长效机制，努力提升馆藏文物预防性保护能力。

同时，借助全省第一次可移动文物普查结果及系统，在该系统上建立每件文物的健康体检卡，实现可移动文物的健康状况动态监测。

10.3.5 为社会文物建立技术服务机制

随着国家经济的发展，文物收藏者愈来愈多。在文物收藏交换过程中，对文物真伪、年代、文物价值等鉴定以及文物保护修复工作需求特别大。文物鉴定，自古就有“眼学”之说，靠的是眼力，凭的是业界良心。国内社会流散文物的鉴定、保护修复等技术始终缺少一套清晰明确的标准，更缺少一系列科学、严格的考核机制和监督体系。

今后5年内，可以尝试以山东省文物保护修复中心为牵头单位，依托国家文物鉴定站山东分站的传统鉴定优势资源，利用省文物保护修复中心科技鉴定和文物保护修复力量，逐渐形成利用现代科学技术开展文物鉴定、分析研究，与传统鉴定方式互补，建立完善的文物技术鉴定、保护修复服务体系。这不仅为社会广大文物爱好者提供技术服务，而且能为公安机关提供更加权威的数据支撑，促进山东可移动文物保护修复事业发展。

10.4 保障措施

10.4.1 政策保证

适时颁布《山东省可移动文物保护修复管理办法》，从政策层面上解决当前存在的管理问题。

10.4.2 完善体制

健全完善责、权、利体制，形成有效的管理体制。建议成立“山东省文物保护修复技术协会”，承担相应工作。

10.4.3 建立多元合作机制，吸纳社会力量

与高校、科研机构等单位建立合作机制，促进文物科研工作发展；吸纳社会力量，辅助完成繁重的文物保护修复任务。

10.4.4 人才引进及培养

制定合理政策，引进适合我省所需的科技人才，同时通过对外合作模式建立高级人才培养机制。

10.4.5 增加经费投入

国家经费投入逐年增多，但尚不能满足目前所需。另

外,国家文物局多对三级以上珍贵文物给予经费支持,但对于一般文物、民俗文物等经费支持力度相对较少,故此存在经费缺口。建议积极争取省级财政对可移动文物保护修复项目的专项经费,以弥补我省可移动文物保护修复经费缺口,且可定向投入,有利于全省可移动文物保护修复能力的提升。

附表

表 4-1　　　　参与调研单位清单

序号	省直或地市	单位名称	备注
01	省直	山东博物馆	文物部门所属博物馆
02		山东省石刻艺术博物馆	文物部门所属博物馆
03		山东省文物考古研究所	文物保护管理机构
04	济南市	济南市博物馆	文物部门所属博物馆
05		济南市考古研究所	文物保护管理机构
06		济南市历城区博物馆	文物部门所属博物馆
07		济南市长清区博物馆	文物部门所属博物馆
08		章丘市博物馆	文物部门所属博物馆
09		城子崖博物馆	文物部门所属博物馆
10		济南市历城区辛弃疾纪念馆	其他文物保管机构
11		济阳县博物馆	文物部门所属博物馆
12		平阴县博物馆	文物部门所属博物馆
13		商河县博物馆	文物部门所属博物馆

续表

序号	省直或地市	单位名称	备注
14	青岛市	青岛市博物馆	文物部门所属博物馆
15		青岛德国总督楼旧址博物馆	文物部门所属博物馆
16		青岛市康有为故居纪念馆	其他文物保管机构
17		城阳区文物保护管理委员会办公室	文物保护管理机构
18		青岛市黄岛区博物馆	文物部门所属博物馆
19		即墨市博物馆	文物部门所属博物馆
20		胶州市博物馆	文物部门所属博物馆
21		莱西市博物馆	文物部门所属博物馆
22		平度市博物馆	文物部门所属博物馆
23	淄博市	淄博市博物馆	文物部门所属博物馆
24		淄博市陶瓷博物馆	文物部门所属博物馆
25		蒲松龄纪念馆	其他文物保管机构
26		齐国故城遗址博物馆	文物部门所属博物馆
27		临淄中国古车博物馆	文物部门所属博物馆
28		淄博市张店区文物管理局	文物保护管理机构
29		淄川博物馆	文物部门所属博物馆
30		周村区文物管理所	文物保护管理机构
31		周村区蒲松龄书馆	其他文物保管机构
32		沂源博物馆	文物部门所属博物馆
33		桓台博物馆	文物部门所属博物馆
34		博山区文物事业管理局	文物保护管理机构

续表

序号	省直或地市	单位名称	备注
35	淄博市	博山陶瓷琉璃艺术博物馆	文物部门所属博物馆
36		博山区赵执信纪念馆	其他文物保管机构
37		高青县文物事业管理局	文物保护管理机构
38		高青县博物馆	文物部门所属博物馆
39		黑铁山抗日武装起义纪念馆	其他文物保管机构
40	枣庄市	枣庄市博物馆	文物部门所属博物馆
41		山亭区文化广电新闻出版局	文物保护管理机构
42		薛城区文物管理站	文物保护管理机构
43		峄城区博物馆	文物部门所属博物馆
44		滕州市博物馆	文物部门所属博物馆
45		滕州市汉画像石馆	文物部门所属博物馆
46		台儿庄区文物局	文物保护管理机构
47		台儿庄大战纪念馆	其他文物保管机构
48	东营市	东营市历史博物馆	文物部门所属博物馆
49		垦利县博物馆	文物部门所属博物馆
50		利津县博物馆	文物部门所属博物馆
51		大王镇红色旅游管理办公室	其他文物保管机构
52	烟台市	烟台市博物馆	文物部门所属博物馆
53		福山区王懿荣纪念馆	其他文物保管机构
54		莱阳市博物馆	文物部门所属博物馆
55		龙口市博物馆	文物部门所属博物馆

续表

序号	省直或地市	单位名称	备注
56	烟台市	蓬莱古船博物馆	文物部门所属博物馆
57		蓬莱市登州博物馆	文物部门所属博物馆
58		栖霞市牟氏庄园管理处	其他文物保管机构
59		长岛县博物馆	文物部门所属博物馆
60		牟平区博物馆	文物部门所属博物馆
61		海阳市博物馆	文物部门所属博物馆
62		莱州市博物馆	文物部门所属博物馆
63		招远市文物管理所	文物保护管理机构
64	潍坊市	潍坊市博物馆	文物部门所属博物馆
65		潍坊十笏园博物馆	文物部门所属博物馆
66		诸城市博物馆	文物部门所属博物馆
67		安丘市博物馆	文物部门所属博物馆
68		昌乐县文管所	文物保护管理机构
69		昌邑市博物馆	文物部门所属博物馆
70		陈介祺故居陈列馆	文物部门所属博物馆
71		高密市博物馆	文物部门所属博物馆
72		寒亭区文管所	文物保护管理机构
73		奎文区文管所	文物保护管理机构
74		临朐县博物馆	文物部门所属博物馆
75		青州市博物馆	文物部门所属博物馆
76		寿光市博物馆	文物部门所属博物馆

续表

序号	省直或地市	单位名称	备注
77	济宁市	济宁市博物馆	文物部门所属博物馆
78		济宁市浣笔泉管理所	文物保护管理机构
79		济宁市李白纪念馆	其他文物保管机构
80		济宁市汉任城王墓管理所	文物保护管理机构
81		嘉祥县旅游文物局	其他文物保管机构
82		金乡县文物旅游局	其他文物保管机构
83		梁山县博物馆	文物部门所属博物馆
84		孔府文物档案馆	文物部门所属博物馆
85		任城区文物管理所	文物保护管理机构
86		泗水县文物事业管理所	文物保护管理机构
87		微山县文物管理所	文物保护管理机构
88		汶上县中都博物馆	文物部门所属博物馆
89		济宁市兖州区博物馆	文物部门所属博物馆
90		鱼台县文物管理所	文物保护管理机构
91		邹城博物馆	文物部门所属博物馆
92	泰安市	泰安市岱岳区文物管理所	文物保护管理机构
93		泰山景区管委会	文物保护管理机构
94		肥城市文物管理所	文物保护管理机构
95		宁阳县博物馆	文物部门所属博物馆
96		泰安市博物馆	文物部门所属博物馆

续表

序号	省直或地市	单位名称	备注
97	泰安市	泰山景区冯玉祥泰山纪念馆	文物部门所属博物馆
98		泰山景区壶天阁文管所	文物保护管理机构
99		泰山景区灵应宫文管所	文物保护管理机构
100		泰山景区王母池文管所	文物保护管理机构
101		泰山文物考古研究所	文物保护管理机构
102		新泰博物馆	文物部门所属博物馆
103		东平县博物馆	文物部门所属博物馆
104	威海市	威海市博物馆	文物部门所属博物馆
105		荣成博物馆	文物部门所属博物馆
106		乳山市文物管理所	文物保护管理机构
107		威海市文登区博物馆	文物部门所属博物馆
108		威海市文登区天福山革命遗址管理所	其他文物保管机构
109		中国甲午战争博物院	文物部门所属博物馆
110		乳山市冯德英文学馆	其他文物保管机构
111	日照市	日照市博物馆	文物部门所属博物馆
112		莒县博物馆	文物部门所属博物馆
113		五莲县博物馆	文物部门所属博物馆

续表

序号	省直或地市	单位名称	备注
114	滨州市	滨州市文物局	文物保护管理机构
115		滨城区文物管理所	文物保护管理机构
116		博兴县博物馆	文物部门所属博物馆
117		惠民博物馆	文物部门所属博物馆
118		无棣县文物管理局	文物保护管理机构
119		阳信县文物管理所	文物保护管理机构
120		邹平县文物管理所	文物保护管理机构
121	德州市	德州市博物馆	文物部门所属博物馆
122		德州市苏禄王墓管理处	其他文物保管机构
123		乐陵市文体广电新闻出版局	文物保护管理机构
124		临邑县文化馆	其他文物保管机构
125		临邑县邢侗纪念馆	其他文物保管机构
126		陵城区文体广电新闻出版局	文物保护管理机构
127		宁津县图书馆	其他文物保管机构
128		平原县图书馆	其他文物保管机构
129		平原县文化馆	其他文物保管机构
130		齐河县文化广电新闻出版局	文物保护管理机构
131		庆云县文体广电新闻出版局	文物保护管理机构
132		武城县图书馆	其他文物保管机构
133		夏津县图书馆	其他文物保管机构
134		禹城市文化局	文物保护管理机构

续表

序号	省直或地市	单位名称	备注
135	聊城市	聊城市博物馆	文物部门所属博物馆
136		聊城中国运河文化博物馆	文物部门所属博物馆
137		东昌府区文物保护管理所	文物保护管理机构
138		东阿县博物馆	文物部门所属博物馆
139		临清市博物馆	文物部门所属博物馆
140		聊城光岳楼管理处	文物保护管理机构
141		冠县文物管理所	文物保护管理机构
142		高唐文物管理所	文物保护管理机构
143		莘县文物管理所	文物保护管理机构
144		阳谷县文物管理所	文物保护管理机构
145		茌平文物管理所	文物保护管理机构
146	临沂市	临沂市博物馆	文物部门所属博物馆
147		临沂市银雀山汉墓竹简博物馆	文物部门所属博物馆
148		临沂市东夷文化博物馆	文物部门所属博物馆
149		费县博物馆	文物部门所属博物馆
150		莒南县博物馆	文物部门所属博物馆
151		兰陵县文物管理所	文物保护管理机构
152		临沭县文物保护管理所	文物保护管理机构
153		蒙阴县文物管理所	文物保护管理机构
154		平邑县博物馆	文物部门所属博物馆

续表

序号	省直或地市	单位名称	备注
155	临沂市	郯城县文物管理所	文物保护管理机构
156		临沂市王羲之故居	其他文物保管机构
157		沂南县博物馆	文物部门所属博物馆
158		沂南县诸葛亮故里纪念馆	其他文物保管机构
159		沂水县博物馆	文物部门所属博物馆
160	菏泽市	菏泽市博物馆	文物部门所属博物馆
161		鲁西南民俗博物馆	文物部门所属博物馆
162		菏泽市书画艺术博物馆	其他文物保管机构
163		冀鲁豫边区革命纪念馆	其他文物保管机构
164		鲁西南战役指挥部旧址纪念馆	其他文物保管机构
165		菏泽市牡丹区文物保护管理所	文物保护管理机构
166		成武县博物馆	文物部门所属博物馆
167		单县博物馆	文物部门所属博物馆
168		定陶县博物馆	文物部门所属博物馆
169		东明县博物馆	文物部门所属博物馆
170		巨野县文物管理所	文物保护管理机构
171		郓城县文物管理所	文物保护管理机构
172		中国鲁锦博物馆	文物部门所属博物馆
173		曹县商都博物馆	文物部门所属博物馆

续表

序号	省直或地市	单位名称	备注
174	莱芜市	莱芜市文物局	文物保护管理机构
175		钢城区文体新局	文物保护管理机构
176		莱芜市档案局	其他文物保管机构
177		莱芜会展中心	其他文物保管机构
178		莱芜战役纪念馆	其他文物保管机构

表 4-2　　山东省文物保存状况汇总表

序号	文物类别	总数（件/套）	保存完好		存在病害			
					稳定		濒危	
			数量（件/套）	比例（%）	数量（件/套）	比例（%）	数量（件/套）	比例（%）
1	金属	302542	174058	57.53	86088	28.45	42396	14.01
2	陶瓷	197191	119975	60.84	49997	25.35	27219	13.80
3	石质	51661	36795	71.22	11172	21.63	3694	7.15
4	纺织品	10299	4256	41.32	3784	36.74	2259	21.93
5	纸张、书画	163809	86276	52.67	35351	21.58	42182	25.75
6	壁画	86	25	29.07	34	39.53	27	31.40
7	漆木器	13574	4058	29.90	2922	21.53	6594	48.58
8	其他	202226	101512	50.20	74894	37.03	25820	12.77
合计		941388	526955	55.98	264242	28.07	150191	15.95

表 4-3　山东省各地市可移动文物收藏情况

序号	省直或地市	总数(件/套)	保存完好	稳定病害	濒危
01	省直	193997	91699	58924	43374
02	济南市	43624	20333	9277	14014
03	青岛市	34529	16168	15970	2391
04	淄博市	55981	50183	4533	1265
05	枣庄市	47099	10722	30939	5438
06	东营市	16028	12250	3595	183
07	烟台市	72282	49748	14785	7749
08	潍坊市	72666	36405	17060	19201
09	济宁市	149962	74902	46894	28166
10	泰安市	56241	33695	13886	8660
11	威海市	43238	32286	10793	159
12	日照市	18840	6856	5350	6634
13	滨州市	9291	5479	3034	778
14	德州市	4576	1413	1503	1660
15	聊城市	10537	5247	2999	2291
16	临沂市	72873	62015	7242	3616
17	菏泽市	37432	16392	16543	4497
18	莱芜市	2192	1162	915	115
合计		941388	526955	264242	150191

表 4-4　　山东省金属文物保存状况调查表

序号	省直或地市	总数（件/套）	保存完好		存在病害			
					稳定		濒危	
			数量（件/套）	比例（%）	数量（件/套）	比例（%）	数量（件/套）	比例（%）
01	省直	52238	14245	27.27	24443	46.79	13550	25.94
02	济南市	13352	4194	31.41	3024	22.65	6134	45.94
03	青岛市	13651	5449	39.92	7738	56.68	464	3.40
04	淄博市	21243	20487	96.44	354	1.67	402	1.89
05	枣庄市	7451	1333	17.89	3084	41.39	3034	40.72
06	东营市	2156	459	21.29	1647	76.39	50	2.32
07	烟台市	14221	11723	82.43	1482	10.42	1016	7.14
08	潍坊市	21072	11826	56.12	5032	23.88	4214	20.00
09	济宁市	38654	25347	65.57	10632	27.51	2675	6.92
10	泰安市	17094	11717	68.54	4536	26.54	841	4.92
11	威海市	22874	15043	65.76	7719	33.75	112	0.49
12	日照市	11758	3074	26.14	3025	25.73	5659	48.13

续表

序号	省直或地市	总数（件/套）	保存完好		存在病害			
					稳定		濒危	
			数量（件/套）	比例（%）	数量（件/套）	比例（%）	数量（件/套）	比例（%）
13	滨州市	1405	813	57.86	503	35.80	89	6.33
14	德州市	696	130	18.68	125	17.96	441	63.36
15	聊城市	4474	1813	40.52	1276	28.52	1385	30.96
16	临沂市	44656	41323	92.54	2320	5.20	1013	2.27
17	菏泽市	15066	4876	32.36	8944	59.36	1246	8.27
18	莱芜市	481	206	42.83	204	42.41	71	14.76
合计		302542	174058	57.53	86088	28.45	42396	14.01

表 4-5　　山东省陶瓷文物保存状况调查表

序号	省直或地市	总数（件/套）	保存完好		存在病害			
					稳定		濒危	
			数量（件/套）	比例（%）	数量（件/套）	比例（%）	数量（件/套）	比例（%）
01	省直	41236	22548	54.68	5966	14.47	12722	30.85
02	济南市	6351	3956	62.29	1822	28.69	573	9.02
03	青岛市	6117	3043	49.75	2730	44.63	344	5.62
04	淄博市	9975	6933	69.50	2998	30.06	44	0.44
05	枣庄市	8133	6375	78.38	1380	16.97	378	4.65
06	东营市	4611	3909	84.78	651	14.12	51	1.11
07	烟台市	30501	20381	66.82	6938	22.75	3182	10.43
08	潍坊市	18730	10171	54.30	7237	38.64	1322	7.06
09	济宁市	22918	12845	56.05	6114	26.68	3959	17.27
10	泰安市	19077	12641	66.26	5544	29.06	892	4.68
11	威海市	2808	2193	78.04	598	21.28	17	0.60
12	日照市	4399	2574	58.51	1399	31.80	426	9.68

续表

序号	省直或地市	总数（件/套）	保存完好		存在病害			
					稳定		濒危	
			数量（件/套）	比例（%）	数量（件/套）	比例（%）	数量（件/套）	比例（%）
13	滨州市	4040	2596	64.26	1252	30.99	192	4.75
14	德州市	2247	895	39.83	758	33.73	594	26.44
15	聊城市	2846	1048	36.82	1164	40.90	634	22.28
16	临沂市	9396	5900	62.79	2098	22.33	1398	14.88
17	菏泽市	3374	1701	50.41	1183	35.06	490	14.52
18	莱芜市	432	266	61.57	165	38.19	1	0.23
合计		197191	119975	60.84	49997	25.35	27219	13.80

表 4-6　山东省石质文物保存状况调查表

序号	省直或地市	总数（件/套）	保存完好		存在病害			
					稳定		濒危	
			数量（件/套）	比例（%）	数量（件/套）	比例（%）	数量（件/套）	比例（%）
01	省直	7852	4525	57.63	1812	23.08	1515	19.29
02	济南市	1712	978	57.06	612	35.71	122	7.12
03	青岛市	2778	2151	77.43	535	19.26	92	3.31
04	淄博市	2216	2073	93.55	138	6.23	5	0.23
05	枣庄市	2554	1904	74.55	560	21.93	90	3.52
06	东营市	735	420	57.14	315	42.86	0	0.00
07	烟台市	5545	4601	82.98	833	15.02	111	2.00
08	潍坊市	6431	4270	66.40	1945	30.24	216	3.36
09	济宁市	10746	7943	73.92	2240	20.84	563	5.24
10	泰安市	2317	1740	75.10	257	11.09	320	13.81
11	威海市	782	669	85.55	113	14.45	0	0.00
12	日照市	1441	735	51.01	312	21.65	394	27.34

续表

序号	省直或地市	总数（件/套）	保存完好		存在病害			
					稳定		濒危	
			数量（件/套）	比例（%）	数量（件/套）	比例（%）	数量（件/套）	比例（%）
13	滨州市	1201	798	66.44	378	31.47	25	2.08
14	德州市	460	225	48.91	188	40.87	47	10.22
15	聊城市	415	325	78.31	75	18.07	15	3.61
16	临沂市	3764	2960	78.64	661	17.56	143	3.80
17	菏泽市	641	444	69.27	162	25.27	35	3.12
18	莱芜市	71	34	47.89	36	50.70	1	1.41
合计		51661	36795	71.22	11172	21.63	3694	7.15

表 4-7　山东省纺织品文物保存状况调查表

序号	省直或地市	总数（件/套）	保存完好		存在病害			
					稳定		濒危	
			数量（件/套）	比例（%）	数量（件/套）	比例（%）	数量（件/套）	比例（%）
01	省直	2284	260	11.38	1720	75.31	304	13.31
02	济南市	33	20	60.61	9	27.27	4	12.12
03	青岛市	262	114	43.51	97	37.02	51	19.47
04	淄博市	177	101	57.06	16	9.04	60	33.90
05	枣庄市	33	2	6.06	12	36.36	19	57.58
06	东营市	9	1	11.11	7	77.78	1	11.11
07	烟台市	56	33	58.93	16	28.57	7	12.50
08	潍坊市	627	91	14.51	21	3.35	515	82.14
09	济宁市	5238	2607	49.77	1521	29.04	1110	21.19
10	泰安市	446	266	59.64	105	23.54	75	16.82
11	威海市	160	133	83.13	22	13.75	5	3.13
12	日照市	1	0	0.00	0	0.00	1	100.00

续表

序号	省直或地市	总数（件/套）	保存完好		存在病害			
					稳定		濒危	
			数量（件/套）	比例（%）	数量（件/套）	比例（%）	数量（件/套）	比例（%）
13	滨州市	172	80	46.51	66	38.37	26	15.12
14	德州市	8	6	75.00	1	12.50	1	12,50
15	聊城市	71	26	36.62	18	25.35	27	38.03
16	临沂市	40	1	2.50	39	97.50	0	0.00
17	菏泽市	674	509	75.52	113	16.77	52	7.72
18	莱芜市	8	6	75.00	1	12.50	1	12.50
合计		10299	4256	41.32	3784	36.74	2259	21.93

表 4-8　山东省纸张、书画文物保存状况调查表

序号	省直或地市	总数（件/套）	保存完好		存在病害			
					稳定		濒危	
			数量（件/套）	比例（%）	数量（件/套）	比例（%）	数量（件/套）	比例（%）
01	省直	27229	16800	61.70	4712	17.31	5717	21.00
02	济南市	8950	5469	61.11	1254	14.01	2227	24.88
03	青岛市	10140	4471	44.09	4390	43.29	1279	12.61
04	淄博市	16802	15723	93.58	486	2.89	593	3.53
05	枣庄市	954	72	7.55	679	71.17	203	21.28
06	东营市	2759	2030	73.58	651	23.60	78	2.83
07	烟台市	10335	6995	67.68	2038	19.72	1302	12.60
08	潍坊市	16657	3461	20.77	746	4.48	12450	74.70
09	济宁市	30828	11080	35.94	10418	33.79	9330	30.26
10	泰安市	13498	5023	37.21	2272	16.83	6203	45.95
11	威海市	5475	4731	86.41	720	13.15	24	0.44
12	日照市	896	320	35.71	478	53.35	98	10.94

续表

序号	省直或地市	总数（件/套）	保存完好		存在病害			
					稳定		濒危	
			数量（件/套）	比例（%）	数量（件/套）	比例（%）	数量（件/套）	比例（%）
13	滨州市	1282	678	52.89	419	32.68	185	14.43
14	德州市	734	84	11.44	291	39.65	359	48.91
15	聊城市	1008	809	80.26	111	11.01	88	8.73
16	临沂市	3621	2212	61.09	768	21.21	641	17.70
17	菏泽市	12075	5952	49.07	4758	39.23	1365	11.25
18	莱芜市	566	366	64.66	160	28.27	40	7.07
合计		163809	86276	52.67	35351	21.58	42182	25.75

表 4-9　　山东省壁画文物保存状况调查表

序号	省直或地市	总数（件/套）	保存完好		存在病害			
					稳定		濒危	
			数量(件/套)	比例(%)	数量(件/套)	比例(%)	数量(件/套)	比例(%)
01	省直	30	0	0.00	15	50.00	15	50.00
02	济南市	16	14	87.50	1	6.25	1	6.25
03	青岛市	12	0	0.00	12	100.00	0	0.00
04	淄博市	1	0	0.00	1	100.00	0	0.00
05	枣庄市	5	2	40.00	1	20.00	2	40.00
06	东营市	2	0	0.00	2	100.00	0	0.00
07	烟台市	3	1	33.33	1	33.33	1	33.33
08	潍坊市	2	0	0.00	1	50.00	1	50.00
09	济宁市	5	0	0.00	0	0.00	5	100.00
10	泰安市	10	8	80.00	0	0.00	2	20.00
11	威海市	0	0	0.00	0	0.00	0	0.00
12	日照市	0	0	0.00	0	0.00	0	0.00

续表

序号	省直或地市	总数（件/套）	保存完好		存在病害			
					稳定		濒危	
			数量（件/套）	比例（%）	数量（件/套）	比例（%）	数量（件/套）	比例（%）
13	滨州市	0	0	0.00	0	0.00	0	0.00
14	德州市	0	0	0.00	0	0.00	0	0.00
15	聊城市	0	0	0.00	0	0.00	0	0.00
16	临沂市	0	0	0.00	0	0.00	0	0.00
17	菏泽市	0	0	0.00	0	0.00	0	0.00
18	莱芜市	0	0	0.00	0	0.00	0	0.00
合计		86	25	29.07	34	39.53	27	31.40

表 4-10　山东省漆木器文物保存状况调查表

序号	省直或地市	总数（件/套）	保存完好		存在病害			
					稳定		濒危	
			数量（件/套）	比例（%）	数量（件/套）	比例（%）	数量（件/套）	比例（%）
01	省直	1350	390	28.89	300	22.22	660	48.89
02	济南市	6052	203	3.35	1006	16.62	4843	80.02
03	青岛市	292	121	41.44	118	40.41	53	18.15
04	淄博市	264	116	43.94	17	6.44	131	49.62
05	枣庄市	106	2	1.89	102	96.23	2	1.89
06	东营市	144	24	16.67	119	82.64	1	0.69
07	烟台市	522	358	68.58	48	9.20	116	22.22
08	潍坊市	705	516	73.19	138	19.57	51	7.23
09	济宁市	747	381	51.00	169	22.62	197	26.37
10	泰安市	1531	659	43.04	585	38.21	287	18.75
11	威海市	664	627	94.43	37	5.57	0	0.00
12	日照市	29	5	17.24	11	37.93	13	44.83

续表

序号	省直或地市	总数（件/套）	保存完好		存在病害			
					稳定		濒危	
			数量（件/套）	比例（%）	数量（件/套）	比例（%）	数量（件/套）	比例（%）
13	滨州市	178	62	34.83	62	34.83	54	30.34
14	德州市	40	20	50.00	17	42.50	3	7.50
15	聊城市	247	164	66.40	50	20.24	33	13.36
16	临沂市	265	99	44.59	46	20.72	120	54.05
17	菏泽市	402	289	71.89	84	20.90	29	7.21
18	莱芜市	36	22	61.11	13	36.11	1	2.78
合计		13574	4058	29.90	2922	21.53	6594	48.58

表 4-11　　山东省其他类别文物保存状况调查表

序号	省直或地市	总数（件/套）	保存完好		存在病害			
					稳定		濒危	
			数量（件/套）	比例（%）	数量（件/套）	比例（%）	数量（件/套）	比例（%）
01	省直	61778	32931	53.31	19956	32.30	8891	14.39
02	济南市	7158	5499	77.04	1549	21.70	110	1.54
03	青岛市	1277	819	64.13	350	27.41	108	8.46
04	淄博市	5303	4750	89.57	523	9.86	30	0.57
05	枣庄市	27863	1032	3.70	25121	90.16	1710	6.14
06	东营市	5612	5407	96.35	203	3.62	2	0.04
07	烟台市	11099	5656	50.96	3429	30.89	2014	18.15
08	潍坊市	8442	6070	71.90	1940	22.98	432	5.12
09	济宁市	40826	14699	36.00	15800	38.70	10327	25.30
10	泰安市	2268	1641	72.35	587	25.88	40	1.76
11	威海市	10475	8890	85.11	1584	15.17	1	0.01
12	日照市	316	148	46.84	125	39.56	43	13.61

续表

序号	省直或地市	总数（件/套）	保存完好		存在病害			
					稳定		濒危	
			数量（件/套）	比例（%）	数量（件/套）	比例（%）	数量（件/套）	比例（%）
13	滨州市	1013	452	44.62	354	34.95	207	20.43
14	德州市	391	53	13.55	123	31.46	215	54.99
15	聊城市	1476	1062	71.95	305	20.66	109	7.38
16	临沂市	11131	9520	85.53	1310	11.77	301	2.70
17	菏泽市	5200	2621	50.40	1299	24.98	1280	24.62
18	莱芜市	598	262	43.81	336	56.19	0	0.00
合计		140448	68581	48.83	54938	39.12	16929	12.05

表 5-1　山东省文物库房基本情况调查表

序号	省直或地市	库房数量（个）	面积（m^2）	温湿度控制	污染物控制	囊匣（个）		文物柜架（个）		备注
						已有	需求	已有	需求	
01	省直	29	5355	24	23	7856	18576	998	1020	
02	济南市	21	4610	4	1	907	7874	541	170	
03	青岛市	31	3594	24	0	1963	14731	734	825	
04	淄博市	26	2208	5	3	500	10018	687	528	
05	枣庄市	16	2575	4	4	20	12450	186	893	
06	东营市	6	1735	1	1	12	542	60	220	
07	烟台市	19	5304	12	7	6325	37867	633	490	
08	潍坊市	37	7863	16	1	4790	7669	987	1151	
09	济宁市	36	8062	20	0	10076	24436	985	1491	
10	泰安市	17	2943	4	0	1537	8335	540	493	
11	威海市	18	2784	5	1	382	3186	261	315	
12	日照市	8	1997	6	6	10	1410	122	177	
13	滨州市	9	769	1	0	48	801	80	110	

续表

序号	省直或地市	库房数量（个）	面积（m^2）	温湿度控制	污染物控制	囊匣（个）		文物柜架（个）		备注
						已有	需求	已有	需求	
14	德州市	10	1739	3	1	60	2484	276	402	
15	聊城市	9	1078	0	0	0	1530	83	110	
16	临沂市	27	2966	6	0	558	13334	441	747	
17	菏泽市	17	3126	3	0	241	10095	210	660	
18	莱芜市	5	100	1	0	30	579	40	57	
合计		341	58807	139	48	35315	175917	7864	9859	

表 5-2　山东省文物展厅基本情况调查表

序号	省直或地市	展厅数量（个）	面积（m^2）	温湿度控制	污染物控制	恒温恒湿展柜	温湿度监测	空气质量监测	光照紫外线监测	备注
01	省直	28	16150	2	0	0	0	0	0	
02	济南市	35	11506	10	0	0	6	2	0	
03	青岛市	32	9614	7	0	1	5	0	0	
04	淄博市	62	29383	13	10	10	13	10	10	
05	枣庄市	20	18056	0	0	0	0	0	0	
06	东营市	10	14221	0	0	0	0	0	0	
07	烟台市	43	37607	8	0	0	17	2	0	
08	潍坊市	50	37142	15	2	0	7	0	0	
09	济宁市	24	19817	6	4	1	6	1	0	
10	泰安市	24	13034	0	0	0	7	0	0	
11	威海市	20	9184	6	0	1	5	0	0	
12	日照市	17	11836	13	13	0	13	0	0	
13	滨州市	13	6120	0	0	0	0	0	0	

续表

序号	省直或地市	展厅数量（个）	面积（m^2）	温湿度控制	污染物控制	恒温恒湿展柜	温湿度监测	空气质量监测	光照紫外线监测	备注
14	德州市	21	12725	6	0	0	0	0	0	
15	聊城市	17	10972	0	0	0	0	2	2	
16	临沂市	35	21804	12	6	1	10	6	0	
17	菏泽市	28	31366	2	0	0	1	0	0	
18	莱芜市	5	14208	1	0	0	1	0	0	
合计		484	324745	101	35	14	91	23	12	

表 6-1　　山东省文物保护修复场地及仪器设备情况调查表

序号	省直或地市	场地数量	修复人员数	实验室面积（m^2）			投资额度（万元）			可开展工作							主要设备			备注
				0～50	51～200	201～700	0～5	6～30	31～100	金属	陶瓷	石质	纺织品	纸张书画	壁画	漆木器	基础设备	保护修复专业设备	分析监测设备	
01	省直	2	23	0	1	1	0	0	2	2	2	1	1	1	1	1	0	1	1	
02	济南市	5	0	4	0	1	2	1	1	2	1	0	0	0	0	0	0	1	0	
03	青岛市	1	8	0	1	0	0	0	1	1	1	0	0	1	0	0	0	1	0	
04	淄博市	3	9	0	3	0	0	1	2	0	2	0	0	0	0	0	0	3	0	
05	枣庄市	6	0	3	3	0	0	0	0	1	2	0	0	0	0	0	0	0	0	
06	东营市	1	5	1	0	0	0	1	0	0	1	0	0	1	0	0	0	0	0	
07	烟台市	4	14	2	1	1	1	1	1	2	2	1	0	1	0	0	0	2	0	
08	潍坊市	5	26	3	1	1	2	1	1	0	4	1	0	1	0	0	1	1	0	
09	济宁市	2	21	1	0	1	1	1	0	1	2	0	0	1	0	0	0	1	0	
10	泰安市	2	7	0	2	0	1	1	0	1	2	0	0	2	0	0	0	2	0	
11	威海市	3	3	2	1	0	1	1	0	1	1	0	0	0	0	0	0	2	0	
12	日照市	2	5	0	2	0	0	0	1	0	1	0	0	0	0	0	1	0	0	

续表

序号	省直或地市	场地数量	修复人员数	实验室面积(m^2)			投资额度(万元)			可开展工作							主要设备			备注
				0～50	51～200	201～700	0～5	6～30	31～100	金属	陶瓷	石质	纺织品	纸张书画	壁画	漆木器	基础设备	保护修复专业设备	分析监测设备	
13	滨州市	1	1	0	1	0	1	0	0	0	1	0	0	0	0	0	0	0	0	
14	德州市	0	0	0	0	0	0	0	0	0	0	0	0	0	0	0	0	0	0	
15	聊城市	1	1	0	1	0	0	0	0	0	0	0	0	0	0	0	0	0	0	
16	临沂市	4	9	1	2	1	0	0	0	1	1	0	0	1	0	0	1	1	0	
17	菏泽市	3	7	1	1	1	1	0	0	1	2	0	0	0	0	0	0	2	0	
18	莱芜市	0	0	0	0	0	0	0	0	0	0	0	0	0	0	0	0	0	0	
合计		45	139	18	20	7	10	8	9	13	25	3	1	9	1	1	3	17	1	

表 6-2　山东省文物保护修复从业人员调查表

序号	省直或地市	保护修复人员数量	年龄(岁)			性别		职称				学历			
			20～35	36～50	51～65	男	女	无职称	初级	中级	高级	博士	硕士	本科	其他
01	省直	23	16	3	4	17	6	12	7	2	2	0	2	8	13
02	济南市	5	1	3	1	3	2	0	1	1	3	0	1	3	1
03	青岛市	12	4	6	2	4	8	4	4	3	1	0	4	5	3
04	淄博市	13	6	6	1	9	4	8	2	3	0	0	1	8	4
05	枣庄市	10	5	3	2	8	2	4	2	3	1	0	0	5	5
06	东营市	8	5	2	1	5	3	3	2	2	1	0	0	8	0
07	烟台市	14	6	4	4	10	4	0	6	4	2	0	3	6	5
08	潍坊市	30	12	12	6	11	19	6	4	13	7	0	9	15	6
09	济宁市	27	6	17	4	13	14	11	3	6	7	0	3	21	3
10	泰安市	13	2	9	2	8	5	1	1	8	3	0	0	7	6
11	威海市	4	2	2	0	2	2	1	2	1	0	0	1	1	2
12	日照市	5	0	2	3	4	1	0	0	3	2	0	0	0	5
13	滨州市	1	1	0	0	1	0	0	1	0	0	0	0	0	1

续表

序号	省直或地市	保护修复人员数量	年龄(岁)			性别		职称				学历			
			20～35	36～50	51～65	男	女	无职称	初级	中级	高级	博士	硕士	本科	其他
14	德州市	8	4	4	0	5	3	4	3	1	0	0	0	6	2
15	聊城市	2	0	2	0	0	2	0	0	2	0	0	1	1	0
16	临沂市	10	5	4	1	8	2	2	2	2	4	0	4	5	1
17	菏泽市	7	0	7	0	4	3	0	3	3	1	0	0	6	1
18	莱芜市	0	0	0	0	0	0	0	0	0	0	0	0	0	0
合计		192	75	86	31	112	80	56	43	57	34	0	29	105	58

表 6-2　　山东省文物保护修复从业人员调查表(续表)

序号	省直或地市	专业背景			用工形式			从业时间		专长			培训情况(人次)	参与项目(人次)
		文保	文博	其他	在编	聘用	返聘	10 年以下	10 年以上	常规养护	基本修复	文物保护		
01	省直	12	1	10	11	12	0	14	9	0	23	0	20	40
02	济南市	0	2	3	5	0	0	1	4	0	5	0	5	1
03	青岛市	2	5	5	11	1	0	8	4	0	7	0	15	7
04	淄博市	2	3	8	7		1	8	5	0	11	2	6	8
05	枣庄市	1	3	6	7	3	0	4	6	0	9	0	0	4
06	东营市	0	3	5	8	0	0	4	4	0	5	0	1	0
07	烟台市	2	5	7	12	1	1	6	8	0	13	1	4	4
08	潍坊市	1	16	13	24	5	1	10	20	14	15	1	5	18
09	济宁市	5	6	16	24	1	2	10	17	27	0	0	14	4
10	泰安市	1	3	7	13	0	0	4	9	13	0	0	2	0
11	威海市	0	2	2	4	0	0	2	2	4	0	0	1	0
12	日照市	0	0	5	5	0	0	0	5	5	0	0	0	0
13	滨州市	0	0	1	1	0	0	0	1	1	0	0	0	0

续表

序号	省直或地市	专业背景			用工形式			从业时间		专长			培训情况（人次）	参与项目（人次）
		文保	文博	其他	在编	聘用	返聘	10年以下	10年以上	常规养护	基本修复	文物保护		
14	德州市	1	0	7	8	0	0	6	2	8	0	0	0	0
15	聊城市	0	2	0	2	0	0	1	1	0	2	0	2	4
16	临沂市	0	8	2	7	2	1	5	5	5	0	0	2	1
17	菏泽市	0	1	6	7	0	0	7	0	7	0	0	0	6
18	莱芜市	0	0	0	0	0	0	0	0	0	0	0	0	0
合计		27	60	103	156	25	6	90	102	84	90	4	77	97

表 7-1　　山东省 2011～2015 年度可移动文物保护修复专项经费情况调查表

序号	省直或地市	项目数量（个）	经费合计（万元）												
			2011		2012		2013		2014		2015		已完成合计	未完成合计	总计
			已完成	未完成	已完成	未完成	已完成	未完成	已完成	未完成	已完成	未完成			
01	省直	15	120	0	159	85	38	34	0	1843	0	0	317	1962	2279
02	济南市	7	0	0	23.5	80	0	325	0	0	0	604	23.5	1009	1032.5
03	青岛市	9	0	3	0	93	30	3	0	503	0	0	30	602	632
04	淄博市	11	149	185	140	250	0	0	0	0	0	1246	289	1681	1970
05	枣庄市	3	0	8	0	200	0	0	0	258	0	0	0	466	466
06	东营市	2	0	0	0	0	13	0	0	0	0	387	13	387	400
07	烟台市	6	360	0	0	0	124	85	35	116.2	0	583	519	784.22	1303.2
08	潍坊市	10	0	0	0	160	0	197	0	654	0	330	0	1341	1341
09	济宁市	5	0	0	0	0	750	0	430	0	0	121	1180	121	1301
10	泰安市	4	0	80	0	96	0	90	0	0	0	10	0	276	276
11	威海市	2	5	0	0	0	0	0	0	0	0	328	5	328	333

续表

序号	省直或地市	项目数量（个）	经费合计(万元)												
			2011		2012		2013		2014		2015		已完成合计	未完成合计	总计
			已完成	未完成	已完成	未完成	已完成	未完成	已完成	未完成	已完成	未完成			
12	日照市	2	0	0	0	0	0	66	0	22	0	0	0	88	88
13	滨州市	2	0	0	0	0	0	0	0	48	0	0	0	48	48
14	德州市	2	0	0	0	0	0	150	0	0	0	0	0	150	150
15	聊城市	6	3	0	2	0	60	0	5	0	10	166	80	166	246
16	临沂市	5	0	0	12	43	0	0	0	150	0	326	12	519	531
17	菏泽市	7	0	0	0	503	0	20	0	42	0	190	0	755	755
18	莱芜市	0	0	0	0	0	0	0	0	0	0	0	0	0	0
小计		98	637	276	336.5	1510	1015	970	470	3636	10	4291	2468.5	10683	13152
合计		98	13152												

续表

序号	省直或地市	项目执行情况			方案编制单位		项目实施单位			项目类别		文物数量（件/套）
		已完成	正在进行	未开展	省内	省外	省内	省外	待定	馆藏文物保护修复	预防性保护	
01	省直	3	11	1	6	9	10	5	0	14	1	3834
02	济南市	2	2	3	1	4	2	2	3	7	0	1800
03	青岛市	1	2	6	2	3	2	3	4	8	1	471
04	淄博市	2	6	3	1	10	0	7	4	10	1	1917
05	枣庄市	0	3	0	1	2	1	2	0	3	0	808
06	东营市	1	0	1	1	1	2	0	0	1	1	18
07	烟台市	3	2	1	1	4	3	2	1	5	1	953
08	潍坊市	0	6	4	4	6	3	4	3	9	1	439
09	济宁市	3	0	2	2	3	3	0	2	4	1	180
10	泰安市	0	3	1	2	1	2	1	1	4	0	290
11	威海市	1	0	1	1	0	1	0	1	1	1	1
12	日照市	0	1	1	2	0	0	1	1	2	0	1000

续表

序号	省直或地市	项目执行情况			方案编制单位		项目实施单位			项目类别		文物数量（件/套）
		已完成	正在进行	未开展	省内	省外	省内	省外	待定	馆藏文物保护修复	预防性保护	
13	滨州市	0	2	0	0	2	0	2	0	2	0	29
14	德州市	0	0	2	0	2	0	0	2	2	0	345
15	聊城市	4	1	1	0	1	5	0	1	6	0	302
16	临沂市	1	2	2	1	4	1	2	2	5	0	395
17	菏泽市	0	6	1	3	4	3	4	0	7	0	13046
18	莱芜市	0	0	0	0	0	0	0	0	0	0	0
小计		21	47	30	28	56	38	35	25	90	8	25828
合计		98			84		98			98		25828

表 7-2　山东省 2016～2020 年度拟申报可移动文物保护修复项目调查表

序号	省直或地市	项目数量（个）	经费需求（万元）			拟委托方案设计单位				项目类别		文物数量（件/套）
			中央	省级	合计	文物保护修复中心	省内其他单位	省外设计单位	待定	本体	预防性保护	
01	省直	10	1190	0	1190	2	8	0	0	10	0	1037
02	济南市	24	2291	239	2530	0	3	13	11	19	5	13800
03	青岛市	39	2488.3	33	2521.3	6	0	4	29	35	4	8099
04	淄博市	18	3765	270	4035	0	2	9	7	9	9	835
05	枣庄市	15	1461.015	60	1521.015	0	1	1	13	14	1	2171
06	东营市	0	0	0	0	0	0	0	0	0	0	0
07	烟台市	22	2937.6	123	3060.6	1	6	9	6	18	3	2148
08	潍坊市	26	7205	100	7305	0	6	0	18	23	3	8328
09	济宁市	47	9328.49	340	9668.49	10	12	21	5	40	7	8422
10	泰安市	30	2711	900	3611	15	0	0	13	29	1	19134
11	威海市	14	1267	493	1760	1	0	1	12	10	4	636
12	日照市	3	265	0	265	2	1	0	0	3	0	752

续表

序号	省直或地市	项目数量（个）	经费需求(万元)			拟委托方案设计单位				项目类别		文物数量（件/套）
			中央	省级	合计	文物保护修复中心	省内其他单位	省外设计单位	待定	本体	预防性保护	
13	滨州市	13	418	0	418	12	0	1	0	10	3	597
14	德州市	61	6554	540	7094	54	0	0	7	48	13	3300
15	聊城市	23	1020	400	1420	6	5	0	12	19	4	5328
16	临沂市	38	2400	258	2658	4	8	0	28	32	6	4076
17	菏泽市	58	14173.3	2625.4	16798.7	37	6	0	15	45	13	18616
18	莱芜市	12	1278.3	0	1278.3	10	0	0	2	10	2	985
合计		453	60753.005	6381.4	67134.405	160	58	59	178	375	78	98264

后　记

山东历史文化悠久，文物资源丰富，据第一次全省可移动文物普查报告显示，全省共有558万件可移动文物。由于文物自身材质老化、外界环境变化以及人为因素等影响，目前文物总体的健康状况堪忧。为做好对全省可移动文物的保护修复工作，2015年2月，山东省文物局经山东省委、省政府批准成立了山东省文物保护修复中心。

文物保护修复中心成立后，为迅速摸清全省可移动文物保存状况的家底，谋划制定好全省可移动文物保护规划，随[illegible]开展了对全省可移动文物保存状况的广泛深入调研。旨[illegible]省文物局统筹全省可移动文物保护规划，提出建设性的[illegible]建议，进而指导下一步工作。

[illegible]山东省文物局统筹安排下，山东省文物保护修复中心

具体开展本次调研工作。在各文博单位的积极配合下，共收回省直和全省 17 市 178 家文博单位提交的 1068 份问卷表。省修复中心组织业务人员，对表格进行逐一核实、统计和分析研究，最终，我们将工作成果编撰成此书，使其为全省文物工作发挥更大的作用。

全书由王传昌任主编，共分为九个章节。具体分工为：序由周晓波撰写，第一章由王传昌撰写，第二章由卢朝晖、白广珍撰写，第三章由徐军平、刘靓撰写，第四章由王云鹏、徐军平撰写，第五章由刘靓、徐军平撰写，第六章由王云鹏、刘靓撰写，第七章由卢朝晖、白广珍撰写，第八章由王传昌、吴双成撰写，第九章由王传昌、吴双成撰写，后记由王传昌撰写。王传昌对全书进行通审、定稿。

本书的编写得到了省直和各市、县（市、区）文物行政管理部门、文博单位以及文物专家们的大力帮助和指导。在出版过程中，得到山东大学出版社的大力支持，在此一并表示感谢！

王传昌

2017 年 4 月

图书在版编目(CIP)数据

山东省可移动文物保存现状调研及保护对策研究/山东省文物保护修复中心编.—济南:山东大学出版社,2017.6
ISBN 978-7-5607-5793-3

Ⅰ.①山… Ⅱ.①山… Ⅲ.①文物—普查—概况—山东 Ⅳ.①K872.52

中国版本图书馆 CIP 数据核字(2017)第 151024 号

策划编辑:陈一家
责任编辑:武迎新
封面设计:张 荔

出版发行:山东大学出版社
社 址 山东省济南市山大南路 20 号
邮 编 250100
电 话 市场部(0531)88364466
经 销:山东省新华书店
印 刷:济南华林彩印有限公司
规 格:850 毫米×1168 毫米 1/32
4.5 印张 5 插页 79 千字
版 次:2017 年 6 月第 1 版
印 次:2017 年 6 月第 1 次印刷
定 价:26.00 元
